|红色经典丛书|

红色家书

恽代英 邓中夏 赵一曼 等 著

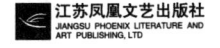

江苏凤凰文艺出版社

图书在版编目（CIP）数据

红色家书 / 恽代英等著. — 南京：江苏凤凰文艺出版社，2017.1（2025.7重印）
ISBN 978-7-5399-9719-3

Ⅰ.①红… Ⅱ.①恽… Ⅲ.①革命烈士—书信集—中国 Ⅳ.①I266

中国版本图书馆CIP数据核字（2016）第239914号

红色家书

恽代英　邓中夏　赵一曼　等著

出 版 人	张在健
总 策 划	汪修荣
责任编辑	孙金荣
封面设计	马海云
责任印制	刘　巍
出版发行	江苏凤凰文艺出版社
	南京市中央路165号，邮编：210009
网　　址	http://www.jswenyi.com
印　　刷	南京新洲印刷有限公司
开　　本	880毫米×1230毫米　1/32
印　　张	8
字　　数	175千字
版　　次	2017年1月第1版
印　　次	2025年7月第28次印刷
书　　号	ISBN 978-7-5399-9719-3
定　　价	30.00元

江苏凤凰文艺版图书凡印刷、装订错误，可向出版社调换，联系电话 025-83280257

目录

何叔衡
活的人要真活,不要活着还不如死(给玉书、玉明的信) ············· 001
只有求自己才有门径(给儿子的信) ························· 003

孙炳文
劳生无与于学,至少为痛叹也(给佩卿贤甥婿爱弟的信) ············ 004

杨　杰
世道艰苦,奋斗才是出路(给儿子的信) ······················ 006

钟志申
我的血不会白流(给哥哥的遗书) ·························· 008

熊亨瀚
余将别汝与父母兄弟去矣(给妻子的遗书) ···················· 010

邓中夏
每天应常学习不可偷懒(给狱中妻子的信) ···················· 012

车耀先
我们宜表面沉寂,充实自己(给女儿的信) ···················· 015

向警予
发奋作一改造社会之人(给侄女的信) ······················ 017

你的九儿在这里(给父母的信)⋯⋯⋯⋯⋯⋯⋯⋯⋯⋯⋯⋯ 019

刘愿庵
我最后一刹那的呼吸,是念着你的名字(就义前给妻子的遗书)⋯⋯ 020

恽代英
不欲以儿女之事自累(给季膺妹的信)⋯⋯⋯⋯⋯⋯⋯⋯⋯ 025

吉鸿昌
是为时代而牺牲(就义前给妻子的遗书)⋯⋯⋯⋯⋯⋯⋯⋯ 028

刘伯坚
生是为中国,死是为中国(狱中给兄嫂的信)⋯⋯⋯⋯⋯⋯⋯ 030

高君宇
我们抢上前去迎未来的文化罢(给石评梅的信)⋯⋯⋯⋯⋯⋯ 033

侯绍裘
收回租界为一事,尽国际之礼貌及义务又为一事(给妹夫的信)⋯ 035

黄竞西
夫妻能偕老的有几呢(狱中给楚云妻的信)⋯⋯⋯⋯⋯⋯⋯ 038
家中一切拜托你(狱中给岳舅的信)⋯⋯⋯⋯⋯⋯⋯⋯⋯ 040

陈潭秋
我始终是萍踪浪迹、行止不定的人(给哥哥的信)⋯⋯⋯⋯⋯ 041

王若飞
一切东西都是在流动变化着(给舅父的信)⋯⋯⋯⋯⋯⋯⋯ 043
念国难之日急,恨己身之蹉跎(给铭兄的信)⋯⋯⋯⋯⋯⋯⋯ 045

李启汉
现代的文学要革命(给父母亲的信)⋯⋯⋯⋯⋯⋯⋯⋯⋯ 047

吴宪猷
要努力的学习革命工作的经验和理论(给弟弟的信) …… 050
冷少农
我真的是不忠不孝、忘恩负义吗(给母亲的信) …… 052
社会之新光在照耀着你(给儿子的信) …… 056
张　炽
失败与小挫是我的事业成就的母亲(给妻子的信) …… 058
杨介人
要大大的与洋人作个对头(给母亲的信) …… 060
蒋径开
豺狼总有一天是被人们打死的(给妻子的信) …… 062
刘　华
只要认清了前途，就是拚命也要去干(给叔叔的信) …… 064
张太雷
求学问是一种最快乐的事(给妻子的信) …… 067
俞秀松
男要真正做人去了(给父亲的信) …… 071
我将必定要总报答我最可爱的人类(给父母亲的信) …… 072
张霁帆
我的行踪愈无一定(给十哥的信) …… 074
龙大道
殊为乡梓所念念也(给父亲的信) …… 076
邓恩铭
儿生性最憎恶的是名与利(给父亲的信) …… 078

何秉彝
男盼望你,以那真正的爱来爱男(给父亲的信) ········ 080

唐士谦
纵不为刀下鬼,又难免不为饿殍(狱中给父母亲的信) ········ 082

申耀东
一切安乐只在抗战胜利后(给妻子的信) ········ 084

关向应
侄现在已彻底的觉悟了(给叔父的信) ········ 086

徐　玮
人生莫不有死(给家庭的遗书) ········ 089

陈　觉
我们的遗志自有未死的同志来完成(就义前给妻子的遗书) ········ 091

王孝锡
儿去也,莫牵连(给父母亲的遗书) ········ 093

李硕勋
死后勿为我过悲(给妻子的遗书) ········ 094

吴本德
我在此间工作很重(给大哥的信) ········ 096

郑复他
如儿者真不过沧海之一粟耳(狱中给父亲的信) ········ 098

沙文求
鹞子要是畏风,还能飞渡大海搏击鱼雁吗(给道希的信) ········ 100
要以百倍的勇气去抗争不幸(给五弟的信) ········ 103

史砚芬
觉得心中有许多话要说,却一句也想不起来(狱中给妹妹弟弟的信) ······ 105
我的死是为着社会、国家和人类(给弟弟妹妹的诀别信)······ 106

陈毅安
革命党员先要革自己的命(给妻子的信〔一〕)······ 108
我们难道恋恋于儿女的深情吗?(给妻子的信〔二〕)······ 110

赵一曼
赶快成人,来安慰你地下的母亲(就义前给儿子的遗书)······ 113

杜永瘦
人世上多的是革命的伴侣(就义前给妻子的信)······ 115

沈志昂
我的身体不是我自己的,是公众的(给妻子的信)······ 118

赵云霄
你的父母是个共产党员(给女儿的遗书)······ 124

袁国平
世界上应该有一些像我们这种不聪明的人(给侄子的信)······ 126

左　权
这一道路是光明的,伟大的(给叔父的信)······ 129

邓　发
国家未来的伟大前途都寄托在你们青年一辈的身上(给堂弟的信〔一〕)
······ 132
我愿同你到海洋,到天空去漂流(给堂弟的信〔二〕)······ 133

李临光
人类解放不成,何以家为(给母亲的信) ………………… 135
高文华
政治上的犯罪行为是一桩光荣事体(狱中给姨父的信) ……… 137
我处处都想学着小孩子(狱中给父亲的信) ……………… 138
童长荣
黑暗和光明的天晓(给母亲的信) …………………… 140
彭雪枫
对人诚恳是不会失败的(给林颖的信〔节录〕) …………… 142
石涧湘
过十八年再会(给妻子的遗书) ……………………… 146
汪裕先
在现社会中间与我同一命运的人正不知多少呢(狱中给姐姐的信)
……………………………………………………… 148
朱务义
世上层层的枷锁,锁不住你这独享的幸福的春!(狱中给弟弟的信)
……………………………………………………… 150
郭纲琳
我不愿造一点点罪恶在我生命中(狱中给哥哥的信) ……… 153
殷　夫
我和你相互间的系带已完全割断了(给哥哥的信) ………… 155
赵伊坪
大家都是为了国家(给父亲、叔父的信) ………………… 162

李　白
但凡一切事情，总宜自慰(给父亲的信) ········· 164
上能对得住天理，下能服从人心(给父母亲的信) ····· 166

文立征
偌大的华北已不允许安放一张平静的书桌了(给弟弟的信〔节录〕)
　　·········· 169

沈尔七
勿怪儿之不肖(给母亲的信) ············· 173

林　达
内战风云到处密布(给小妹的信) ··········· 175

何功伟
岂能背弃真理出卖人格以苟全身家性命(给父亲的遗书) ··· 177

潘　琰
读书要像细雨一样，一点一滴的浸入(给弟弟妹妹的信〔节录〕)····· 180

林基路
忠于社会者必逆于父母(给父亲的信) ········· 183

李育才
今年是黎明前的黑暗(给父母亲的信〔节录〕) ······ 186

许晓轩
需要读些社会科学方面的书(给三妹的信) ········ 190
我已经历得多，什么都无所谓了(狱中给哥哥的信) ····· 192

冯和兰
活着一天就会有一天的希望(狱中给姐姐的信) ······ 195

每一回忆都成了心海沉重尖锐的创痕(狱中给妹妹的信)……196

何柏梁
要以万忍的耐心候黎明(就义前的四封家书〔节录〕)……198

李德光
春暖的日子快到了(狱中给姨妈和母亲的信)……203
善处自己即是爱我(狱中给妻子的信)……205

赵铎心
革命者的我们应该把眼光放远了看(给妻子的信)……207

查茂德
要有牺牲的精神才能打垮和消灭敌人(给妻子的信)……209

肖　东
太阳将要从东方出来了(给兄姊的信)……211

王传馥
命运不允许我侍奉左右了(给父母亲的信)……213

江竹筠
死人可以在活人的心中活着(给谭竹安的信〔节录〕)……215
我们在牢里也不白坐(狱中给谭竹安的信)……216

金方昌
谁说老百姓不能管国家大事?(给哥哥的信)……218

张露萍
总是梦着你们,念着你们(给父母亲的信)……220

刘国铉
让新的产生,让旧的死亡(给五姐的信)……222

陈振先
春天一定就会来到人间了(狱中给母亲与弟妹们的遗书) 227

李　卡
我死后你应马上忘记我(狱中给徐云的信) 229

韩子重
我过不惯这样不生不死的生活(给父亲的信) 233

王孝和
他们会为儿算这笔血账的(狱中给父母亲的信) 236
但愿你勿过悲痛(狱中给妻子的信) 237

穆汉祥
在这个时候当然应该尽力服务才对(给家人的信) 239

朱振汉
你辛苦抚育是有价值的(给母亲的信) 241

何叔衡

何叔衡(1876—1935),又名启璿,湖南宁乡县人。1921年7月,出席中国共产党的"一大"。曾任中共湘区委员会组织委员、湘南自修大学和湘江学校的负责人。1928年夏赴苏联学习。1931年到中央革命根据地,曾任中华苏维埃共和国临时中央执委会委员、中央政府工农检察人民委员、最高法院院长、内务人民委员等职。1934年10月红军长征后,留在根据地坚持斗争。1935年2月,在向闽西转移途中遭敌人袭击,壮烈牺牲,时年59岁。

活的人要真活,不要活着还不如死

(给玉书、玉明的信[①])

书明两兄:

我阴历六月十九早,梦父亲无名指断,警醒时恍惚鲜红的血,犹注满一面盆也。昨接上海友人信,知湘弟[②]六月二十日逝世。唉,验矣!家中事总凭书信及意料。可得其大概,不

---

① 此信写于1929年1月。当时何叔衡正在莫斯科中山大学学习。信中所写日期均为旧历。玉书、玉明,即何玉书、何玉明,何叔衡的两位哥哥。

② 湘弟:即何玉湘,何叔衡的弟弟。

谈。我在此住在一个侯王旧宅,睡在一个有两丈高的玻璃窗下,求学做事,均能自如。此间的工人、妇女、小孩,极自由活泼。雪自九月以来,未曾融过,每日加落。冬天鲜见日头,且冬天日子极短,即在天晴之时,日头月光,只从东西角上挂去过而已。我在此阅中国的报纸,见白崇禧在北京演说辞上云湖南自去年起死去十七万人。又十二月报载,河南饥民有六百万人。即此二事,可知中国之一切情形矣。

此间有教堂的牧师对我说,咒骂您的,到了您的兄弟妻子时;欢迎您的,自然要扩大到世界全人类。又云,贫穷、饥饿、纷乱、压迫四者,是一人的鬼门关,是众人的安乐园。我由此想到我一身一家的事,即恰然处了。我不望我家活多人,只望活的人要真活,不要活着还不如死。我的老妻,您如果活到六十岁,我或者与您有见面之日。但您的生,要是捡柴、栽菜、喂猪的生,不要去求人的生。我是永远要对得起我的骨肉和您的呀。您请袁陈①各戚代您的手笔写几句话到我。要是琐碎的事呀。

璿　十二月初②

---

① 袁陈:袁,即袁葆华,何新九的叔伯姊夫,共产党员,早年逝世。陈,即陈咏阶,何新九的表哥,共产党员,1950年逝世。

② 十二月初:此为旧历,阳历为1929年1月。

只有求自己才有门径

(给儿子的信①)

莘玖②阅悉：

你二月初的信接到后，非常忻慰。你信中"急是空的"这一句话，十分扼要，凡事只有快快活活的去想，快快活活去做，总有办法，听他天大地大的事都是如此。至于不同人乞怜，须知现在被压迫的太多，都是可怜的人，所以乞怜也是空的。只有求自己才有门径。又，凡事总要早打算，明年要做些甚么事，下月要做些甚么事，明日要做些甚么事，总要脑子里先想一下。会了你伯父等姑丈等姊丈要问一些甚么事，要谈些甚么话，也要先想一下。没有饭吃可以的，要烧一点烟。淡食也可以的，夜里要点一盏灯。没有情送也可以的，好亲好友家要走一走，不要脱离关系。我希望你讲话，总要讲四五十句，乃至一百句，不要讲几句就没有讲了。并且人亦不问你，你也就无话问人。我希望你一讲话，在十步外或隔壁的都听得到，不要在喉咙内。你此信或是你写的？但我想有些你还是写不出。我希望你自己写，自己做，每月一次，这就是你的孝敬。田是谁几丘？塘里放些甚么鱼？猪有好重一只？柴是烧干的，还是湿的？蔬菜晒干了没有？这都可以做好多文章出来呢！

璿　新历四月廿八日

---

① 此信写于1929年4月。
② 莘玖：即何新九，何叔衡的儿子。

孙炳文

孙炳文(1885—1927),四川南溪人。1908年入京师大学堂,1911年加入同盟会。后与朱德一起留学德国,1922年经周恩来介绍加入中国共产党。1925年冬回国,在黄埔军校工作,曾任黄埔军校政治部主任和总教官。1927年4月,赴武汉途经上海时,被国民党逮捕,杀害于龙华,时年42岁。

劳生无与于学,至少为痛叹也

(给佩卿贤甥婿爱弟的信[①])

佩卿贤甥婿爱弟:

前年接弟一书,嗣即详函吾师赵尧生,未久文亦归国。经年复渡雪漠而西,劳生无与于学,至少为痛叹也!

去年觏家兄于彝陵,询答弟经过极详细。以我草草不欲重劳弟虑,迫今兹乃有此函,其中情歉疚可知。

我在此,以十分七日力治心理学,余三分二治社会学,其一治哲学;课事极繁而条理至密,以我过时而又奇拙,羞花肯

[①] 此信写于1923年,当时孙炳文和朱德等人在德国哥廷根一所大学旁听哲学、心理学课,并自学马克思列宁的经典著作。佩卿:是孙炳文的表妹夫。

上头否不自知。然亟以一勤学自拔,每日工作至少在十三小时以上;儿时筋力,使资应付。虽才历险病(泻血,鼻疮)二次,自省非缘劬学,后此不终攻也。

弟本期任授功课若干门?每门每周若干时?课外治何业?身心两安健否?暑假旋南溪否?接尊乡信否?潭弟计均安吉?深念!盼暇中——以示。

顷接家兄函,一月以后,将赴渝或竟并至宜,弟若到南,或者我兄已归。我意,若校事早完,弟何莫与吾兄共出,更北走燕晋(家兄意,若到宜,便东北入燕视文妻①子)。度可留,即暂驻(北大及师大均有研究科);不足留,亦趁此为短期之远游,与家兄俱,两不寂寞,弟深度能行否也?(文妻入北大文学系,似本期毕业。宁、济、兰均在孔德校,各子亦拟于暑期入此校幼稚班;兰女以上均知念吾弟也。)

杰来函谓暑假中率闽南回川一行,弟得渠书否?家兄函又及慎甥在女校极勤业,闻之欣慰极。附一闻,此间长夏犹时作嫩寒,回忆故乡风物,不禁怅然!时艰,万万珍重!

刘荣安弟英年而逝,想念时辄堕泪不禁!旧游良觌,希为文道念!

文
六月三号德国规庭根②发

---

① 文妻:指孙炳文的妻子任锐。
② 规庭根:译音,即哥廷根,地名。

杨 杰

杨杰(1889—1949)，云南省大理人。曾任国民革命军第六军总参谋长，陆海空军总司令部总参谋长等职。1945年，杨杰在重庆与谭平山、陈铭枢等爱国民主人士组织了"三民主义同志会"。1949年5月，中共中央通知杨杰赴北平参加中国人民政治协商会议。9月正当杨杰离昆赴港准备北上时，被国民党特务暗杀于香港寓所，时年60岁。

世道艰苦，奋斗才是出路

（给儿子的信①）

兆虎继儿青览：

十月十八日来禀诵悉。

世道艰苦，奋斗才是出路。幼年不努力，老大徒伤悲。好运气总是落在有本钱人的身上（本钱者，有技术、有学问、有能力之谓）。汝逾而立，奔驰蹀躞，或者有相当的觉悟。今后做事，要立定脚跟，敦品卖力，要谨慎奋发，或可有成。

我来月返滇，省视老亲，届时可以良晤，再为详加指导。

---

① 此信写于1946年。

我是厚望下辈之人个个争气,个个成才。若是不自弃自暴,当然可以提携,一切望自发为要,余容续告。专复即询

　　时佳!

　　　　　　　　　　　　　　　　　父光①手泐
　　　　　　　　　　　　　　　　十、廿六

---

① 光:即杨杰。

钟志申

钟志申(1893—1928),湖南湘潭人。童年和毛泽东一起在私塾读书。1925年加入中国共产党。1927年1月,钟志申陪同毛泽东回韶山考察农民运动。"马日事变"后,在湖南从事地下工作。1928年初,由于叛徒出卖不幸被捕,同年3月12日在长沙被杀害,时年35岁。

我的血不会白流

(给哥哥的遗书①)

志炎、志刚②二兄:

我的案子突然变得严重,可能无出狱希望,这并不可怕。当我入党之时,就抱定视死如归的意志。我认定,共产党一定会胜利,革命一定会成功。我牺牲生命,把一切贡献于革命,是为了寻找自由,为了全国人民求得解放。我知道我的牺牲,不会白牺牲,我的血不会白流。因为血债须用血来还。党会给我报仇,你们会给我报仇。要记住:共产党是杀不绝的啊!

---

① 这是钟志申在1928年3月10日,即牺牲前两天写给两个哥哥的遗书。钟志申牺牲后,在收殓遗体时,从他的内衣中发现,上面浸满了鲜血。

② 志炎、志刚:钟志申的大哥、二哥。

你们接到这封信时,可能我已不在人世了。我死不足惜,但继母在堂,子女年幼,周氏①不聪,全赖你们维持、抚育,安慰他们不要悲痛。桃三②成人,可继我志,我无念。

民国十七年三月十日　志申笔

---

① 周氏:钟志申的妻子。
② 桃三:钟志申的儿子。

熊亨瀚

熊亨瀚(1894—1928),湖南桃江县人。曾任北京《真共和报》编辑、护国军第三路军总司令部秘书、湘江学校校长、长沙市教职员联合会主任等职。1926年加入中国共产党,被派到国民党湖南省党部从事统战工作,任省党部常委兼宣传部长。1927年"马日事变"后,在湘、鄂、赣从事秘密工作。1928年11月7日在武汉被捕,27日解往长沙,次日被杀害,时年34岁。

余将别汝与父母兄弟去矣

(给妻子的遗书①)

月如②乎:

余将别汝与父母兄弟去矣。追思家庭间父子兄弟骨肉手足之情,暨与汝十五年结婚之好,宁不凄怆伤心也耶!虽然人生自古谁无死,余之死,非匪非盗,非淫非拐,非杀人放火,非贪赃枉法,实系为国家社会,为工农群众,含冤负屈而死。扪心自问,尚属光明,公道未泯,终可昭雪。所难甚者,高堂父

---

① 此信写于1928年农历十月初四。
② 月如:即詹石兰,熊亨瀚的妻子。

母,年近六旬,膝下儿女,均只数岁,汝亦尚在青春,诸弟均少能力,家无恒产,养育艰难。凡此诸端,不免耿耿。兹将后事,分告于下:

(一)余生未报父母养育之恩,死又增父母西河之痛,罪孽深重,上通行天。然此时亦无可如何。望告父母,毋以为感,倘来生有缘,再报寸草。祖母八旬有余,风烛之年,尤不宜使有悲意。

(二)岳父对余素厚,愧无以报,且龙弟新丧,两老方深悲痛,切勿因余之死而益其忧。

(三)西弟嗜酒好牌,倡弟体弱多病,均宜保养,尤宜振作。家庭间,当和睦一气,共撑困局,以分父母之忧。

(四)汝与余感情甚深,余死汝必欲苦守,然守节,亦大难事。余又素无积蓄,今以子女累汝,生活必感困难,可求余之老友设法以维日用。余死,汝之责任更大,切不可以为深悲。

(五)儿辈须严加管束,切勿因余之死而溺爱之,以致堕落。可读,则苦读;不可读,则或工或农或商,务必有一定职业。荣儿体强,将来似可使学军,以继吾志。然须切戒其与人为意气之争,夙励救国之愿。

(六)余之丧葬各费,必无从取给,可向杏农、光毓处借钱,免〔勉〕强了事,扶视南旋,一切均需从薄,得附先人坟墓足矣。

(七)此次被捕,承各方垂念,当为致谢。

亨瀚绝命遗言
戊辰十月初四

邓中夏

邓中夏(1894—1933),字仲懈,湖南宜章县人。1920年参加北京共产主义小组。1922年任中国劳动组合书记部主任。先后领导长辛店、京汉铁路工人以及开滦煤矿和省港工人大罢工。曾任湘鄂西革命根据地特委书记和中国工农红军第二军团政治委员、中共江苏省委书记、广东省委书记等职。1933年5月在上海被捕。10月在南京雨花台就义,时年39岁。

每天应常学习不可偷懒

(给狱中妻子的信[①])

妹妹[②]:

你四月二十七的信,我收到了,自从你入狱之后,到现在,整整半年了[③],我没有接到你半个字,今天得到这封信,你想我

[①] 此信写于1933年5月。由于叛徒告密,邓中夏的妻子夏明不幸被捕,囚禁于上海法租界监狱。

[②] 妹妹:即夏明。

[③] 夏明被捕后,为了不让敌人得知邓中夏的踪迹,一度拒绝任何探监者,半年后,邓中夏才探明夏明的下落。

是多么喜悦呵！我前后写了四封信,据说有一封你是收到的,大概是去年阴历年底罢:每逢二十七我都托一位女人来看你,据说只有一次见着你,那时你恰在病中,后有几次则因另有人看你,她看不到你了,信和东西送不进去,从此就杳无消息,我多么的挂心呵！好！现在弄清爽了,多谢乐家兄嫂常来看你,我放心了,以后一切东西都请他家代送,我一定照你的话办,是否可能:每逢一、四、七都可送食物给你？这样:食物虽少,常送总则一月可以送十二回,每次送的东西以哪几样为最合式〔适〕？我经济虽困难,每月五元是出得起的,衣物按寒暑另送,为切合你的牢狱生活,我当托他们买暗色的布料做好送来。妹妹你既然和朱姐住在一块,是学英文的极好机会,切不可放过。每天应常学习不可偷懒,我已把英文津逮和英文字典送来,这样学下去,等到你出来,一定可以把英文学好呢！我打算还替你选购一批书籍寄来,你要知道:牢狱是极好的研究室呀！每天读书,又可以消却寂寞烦恼！我很好,你嘱咐我的话,我当时时记在心头。最不幸是平儿①和宝姐②都病了③,都进了医院④,家中生病的近来很多,最痛心的是族里⑤的败家子如像云成⑥等,他们狂嫖浪赌,向家里吵闹。也好,这些败家之子,赶出去也好,家道可以兴旺。妹妹！父前知道你的消息吗？你没有写信回家吗？如父母不知道,还是不告知他们的好,如已知道,我写信去。朱姊的家中平安吗？可告知我,

---

① 平儿:即黄平,当时是中共中央委员,后叛变。
② 宝姐:即何宝珍,1933年加入中国共产党,1933年3月在上海被捕,翌年在南京雨花台就义。
③ 病了:暗指被捕。
④ 医院:暗指监狱。
⑤ 族里:暗指党内。
⑥ 云成:即王云程。在党的六届四中全会上,被王明拉进中央,后叛变。

以便商议对于你们的问题,慧妹是不是仍在同德念书?亦请告我知,我有不少的话要说,有机会再谈罢!即此祝你的健康!哥哥书。

车耀先

车耀先(1894—1946),四川大邑县人。1929年加入中国共产党。早年在四川地方军队中任团长、师参谋长。抗战爆发前后,在成都进行抗日救亡活动和党的统一战线工作,曾任中共川西特委军委委员。1940年3月被国民党特务逮捕。1946年8月,在重庆"中美合作所"集中营被害,时年52岁。

我们宜表面沉寂,充实自己

(给女儿的信[①])

崇英:

抗战又踏上较严重的阶段,就是投降派以反共口号来掩饰他们的由破坏团结,而中途投降的阴谋。因之,专门有人制造摩擦,扩大摩擦。我们在此时期,宜表面沉寂,充实自己;切勿再惹人注意。我呢,就正在这样做呵!

你的诗,是进步了;但有些字句欠熟练。我改了些。然大体是不错的,今天《新民报》已登出。不过有些错字和看不清

---

① 此信写于1939年7月。车耀先的女儿车崇英当时是成都协进高中(因日军飞机轰炸,迁往新繁)学生,已加入中国共产党。由于她们每次进行抗日宣传都遭到捣乱,心情苦恼,一心想去延安。针对这种思想,车耀先给女儿写了这封信。

楚罢了。

  现在你在新繁,当然救亡工作较少了。应当趁此机会致力于自然科学。为将来升学、应世,打下一个良好的基础。我以为英、数、理、化是应当弄明白的。我的缺点就在于此。不要单注意社会科学。

  成都警报①频来,但我愈跑愈健!勿虑!勿虑!愿你努力进步!

父　字
七月十五午后

---

① 警报:空袭警报。

向警予

向警予(1895—1928),女,湖南溆浦人,1918年参加毛泽东主办的新民学会。1919年赴法国勤工俭学。1922年加入中国共产党。曾任党中央妇女部部长。1925年去莫斯科东方大学学习,1927年回国。先后在武汉总工会、中共汉口市委宣传部和湖北省委工作。编辑《长江》刊物。1928年春,因叛徒出卖,在汉口法租界被捕。同年5月1日在汉口被国民党反动派杀害,时年33岁。

发奋作一改造社会之人

(给侄女的信[①])

功侄[②]:

我来法年余接得你两封信,第二次信文字思想迥异于前,几疑不是你写的。这样长足的进步,真是"一日万里",不禁狂喜!

科学是进步轨道上惟一最重要的工具,应当特别注意。

---

① 此信于1920年4月29日写于法国蒙达尼女子公学,是向警予写给当时在湖南省立一女师读书的侄女向功治的。

② 功侄:即向功治。

你现在初级师范，程度与中学相当，所习的是普通科学（即基本科学），应当门门有点常识。你于英算文理能加以特别研究固好，但不要把别的抛弃了。

你不愿做管理家业的政治家，愿发奋作一改造社会之人，有思想有伐力，真是我的侄侄！现在正是掀天揭地社会大革命的时代，正需要一般有志青年实际从事。世界潮流社会问题都可于报章杂志中求之，有志改造社会的人不可不注意浏览，毛泽东、陶毅①这一流先生们，是我的同志，是改造社会的健将，我望你常在他们跟前请教！环境于人的影响极大，亲师取友，问道求学，是创造环境改进自己的最好方法。你们于潜心独研外，更要注意这一点；万不要一事不管，一毫不动，专只关门读死书。

熊先生②与我同在蒙台女学，人甚好。范先生住距己不远之可伦坡，间与我通信，亦好。

你要的明信片，有尔即买寄。以后如能将你的一切状况时常告我，我最欢喜！近拟与熊先生们组织一通信社，以通全国女界之声气。此事如成，你们于立身修学亦可得一圭臬矣。

九③姑
四月廿九日午后

----

① 陶毅：又名斯咏，当时是新民学会会员。
② 熊先生：即熊叔彬，新民学会会员，与向警予同赴法国勤工俭学。
③ 九：向警予兄弟姊妹共十人，她排行第九，乳名"九九"。

你的九儿在这里

（给父母的信①）

爹爹妈妈呀,我天天把你两老〔人〕家的相,放在床上,每早晚必看一阵。前几天早晨,忽然见着爹爹的相现笑容,心里欢喜得了不得。等一会会儿,便得着五哥的平安家报。今天晚上九点钟,新从世界工学社②旁听回来。捧着你老〔人〕家的相一看,忽现愁容,两个眉毛紧紧地锁着,左看也不开,右看也不开,我便这样说:我的爹爹呀,不要愁,你的九儿在这里,努力做人,努力向上。总要不辱你老这块肉与这滴血,而且这块肉这滴血还要在世界上放一个特别光明。和森③是九儿的真正所爱的人,志趋没有一点不同的。这画片上的两小④也合他与我的意。我同他是一千九百廿年产生的新人,又可叫做廿世纪的小孩子。

---

① 这封信是向警予写在从法国寄给父母的明信片上的。1920年5月,在留法勤工俭学期间,她和蔡和森结婚。
② 世界工学社:是当时留法学生中那些信仰无政府主义者组织的团体,后被改造成了广大勤工俭学学生的领导组织。
③ 和森:即蔡和森。
④ 这画片上的两小:此明信片的正面印有两个外国小孩。

刘愿庵

刘愿庵(1895—1930),原名刘孝友,字坚予,陕西咸阳人。1925年加入中国共产党。先后任中共成都特支书记、四川省委宣传部长、省委书记等职。1930年5月5日,不幸被捕,5月7日就义于重庆,时年35岁。

我最后一刹那的呼吸,是念着你的名字

(就义前给妻子的遗书①)

我最亲爱的婉②:(my dearest Vera:)

久为敌人所欲得而甘心的我,现在被他们捕获,当然他们不会让我再延长我为革命致力的生命,我亦不愿如此拘囚下去,我现在是准备踏着我们先烈们的血迹去就义,我已经尽了我一切的努力贡献给了我们的阶级,贡献给了我们的党,我个人的责任算是尽了,所不释然于心的是此次我的轻易〔率〕,我的没有注意一切技术,使我们的党受了很大的损失,这不仅是

---

① 1930年5月6日,刘愿庵被21军军事法庭传讯"受审"。当天晚上,他在狱中秘密地写下这封遗书,要求妻子转告党组织他被捕后的情况,5月7日便英勇就义。

② 婉:即周敦婉,刘愿庵的妻子。

一种错误,简直是一种对革命的罪恶,我虽然死,但对党还是应该受处罚的,不过我的身体太坏,在这样烦剧而受迫害的环境中,我的身体和精神,表现非常疲苶,所以许多地方是忽略了,但我不敢求一切同志们原谅,只是你——我的最亲爱的人,你曾经看见了我一切勉强挣扎的狼狈情形,只有希望你给我以原谅,原谅我不能如你的期望,很努力的很致密的,保获〔护〕我们的阶级,先锋队,我只有请求你的原谅。

对于你,我尤其是觉得太对不住你了,你给了我的热爱,给了我的勇气,随时鞭策我,前进努力,然而毕竟是没有能如你的期望,并给与你以最大的痛苦,我是太残酷地对你了,我惟一到现在还稍可自慰的,即是我曾经再四的问过你,你曾经很勇敢的答应我,即是我死了,你还是——并且加倍的为我们的工作努力,惟望你能够践言,把儿女子态的死别的痛苦丢开,把全部的精神全部爱我的精神,灌注在我们的事业上,不要一刻的懈怠,消极。你的弱点也不少,望对于一切因循 romanetic,缺乏勇气与决心,加以极大的补救,你必须要像《士敏土》①中的黛莎一样,"有铁一样的心"。

我如此算了,我偶然想起觉得有一点可惜,我的某部份过人的精神和智能,若果不死,对于我们的工作,是有许多贡献(虽然我一方面有许多弱点),然而现在是不可能了,我饱受了一切创痛,我曾经希望我们有一个小宝宝,我当以我的一切经验,教育他,指导他,使他成为一个模范的布尔希〔什〕维克(bolshevik),现在也尽成虚愿了,所惟一希望的,只是你,我唯一亲爱的人,我的同志,希望你随时记着我的一切,记着我某一些精神和处理工作的"作风",继续我的工作。同时也随时

---

① 《士敏土》:苏联早期小说。

记着我的一切弱点,我俩共同的弱点,努力去纠正!挽救我的罪过。

关于你的今后,必须要努力作一个改革的职业家(Ravolcetion),一切去教书谋生活等个人主义的倾向,当力求铲除,这才算真正的爱我,至于关于今后性与爱的问题,请你必须同意于我〔的〕恋爱观,千万不要记着我某些自私自利,根本是封建意识的内含〔涵〕而掩盖着某些理由的不正确主张,并要原谅我偶尔抑制不住的一切不正确的怨〔欲〕望,我们应该是结合在我们的工作上面(姑且如你所说常有唯心主义的话——人格的合抱)而不是结合在其他上面,假如我死后有知,我俩心灵唯一的联系,是建筑在你能继续我们工作与事业,而不是联在你为我忧伤,和忠诚不二上面,这是我理性的自觉,决不是饰词,或者故如此说,以坚你的信爱,望你决不要错认了!

对于我们的工作,如果能假我以机会,我或者可以写出许多话来,但现在是不可能,不过一切问题,历来的决议是说得很多了,我以临死之身,敢向一切同志担保,那都是百分之百的正确,然而我们的同志总是借口许多理由,说去实行上,事实上有某种某种困难,把他修改或者竟取消了,这充分是表现畏难苟安的小布尔乔亚①的恶习,我们并不是说没有什么困难,但布尔希〔什〕维克(Bolshevik)的精神,是要用一切努力去战胜这些困难,决不是对于困难屈伏〔服〕(修改原则或取消主义),这是我现在能够而必须最后说的一句最重要的话。

对于我的家庭,难说、难说,尤其是贫困衰老的父亲,他以旧社会"显亲扬名"的观念期待我,我是太辜负他的期望了,并且连甘旨之奉也不能尽丝毫责任,只此一事思之痛心,然而也

---

① 小布尔乔亚:即小资产阶级。

无法了！整个社会无量数的老人在困苦颠连中，我的家庭、我的父亲不过无量数中之一份子而已，我的努力革命，也何尝不是如此，然而毕竟对于家庭、对于父亲是太不孝了，社会是这样，又复何说，此后你如有力，望于可能时给父亲以安慰和孝养，尤其小弟妹当设法务之成立，这是我个人用以累你的一件事，不过对于死的消息，目前对家庭可暂秘密不宣，你写信去说我已到上海或出国去了，你随时捏造些消息，去欺骗父亲好了，不过可怜的父亲是有两个儿子①的生或死永远不能知道了，五弟不自振作，无可说，五弟妇当使之作工，不要他〔她〕始终存个依赖丈夫或想做所谓"太太"的观念，你应可能时，在教育方面帮助他〔她〕，端儿是我很喜欢的一个孩子，也是我们几弟兄所存留的一个独孩子，你在不妨害工作范围内可以抚养她，五弟妇是不能教育孩子的，只是我未免累你的太多了，然而这是无法可想的事，你当能原谅我。

我自从被捕以后，从来没有想到你，因为实在不敢想起，想下去会令我减少勇气，我也望你不要时刻想起我，尤其两年来一切同居的快乐，更不要无谓的去思量留念，这样足以妨害工作，伤害身体，只希望你时时刻刻记起服从工作、工作、工作。

我被捕是在 Karlmarx② 的诞日晨九〔点〕钟，我曾经用我的力量想消〔销〕毁文件，与警察殴斗，可恨我是太书生了，没有力量如我的期望，反被他们殴伤了眼睛，并按在地下毒打了一顿，以致未能将主要文件消〔销〕毁，不免稍有牵累，这是我

---

① 两个儿子：即刘愿庵和七弟刘孝祐。刘孝祐在刘愿庵的影响下参加革命，曾是安徽宿县的第一个党小组长、第一任县委书记，早刘愿庵一年即1929年牺牲。

② Karlmarx：即卡尔·马克思。

这两日心中最难过的地方，只希望同志们领取这一经验，努力军事化，武装每个人的身体。

你的身体太弱，这是我最不放心的，身体弱必然影响到意志不坚决与缺乏勇气，望你特别锻炼你的身体，主要的方法是习劳，吃药是不相干的，望切记。

我今日审了一堂，我勇敢的说话，算是没有丧失一个布尔希〔什〕维主义者的精神，可以告慰一切，在狱中许多工人对我们很表同情，毕竟无产阶级的意识是不能抹杀的，这是中国一线曙光，我们的牺牲总算不是枉然的，因此我心中仍然是很快乐的。

我有许多零星的稿子，始终没有整理出来，这是死前一件憾事，我平常有些谈话，有价值的，望你为我记下来，了我一桩心愿。

再我的尸体，千万照我平常向你说的，送给医院解剖，使我最后还能对社会人类有一点贡献，如亲友们一定要装敛〔殓〕费钱，你必须如我的志愿与嘱托坚决主张千万千万，你必须这样，才算了解我。

我在拘囚中与临死时没有你的一点纪念物，这是心中很难过的一件事，但是你的心是紧紧系在我心中的，我最后一刹那的呼吸，是念着你的名字，因为你是在这个宇宙中最爱我最了解我的一个。

别了！亲爱的我的情人，不要伤痛，努力工作，我在地下有灵，时刻是望着中国革命成功，而你是这中间一个努力工作的战斗员！

你的爱死时遗言
五月六日午后八时预写

恽代英

恽代英(1895—1931),字子毅,江苏武进人。1921年加入中国共产党。1923年夏在上海大学任教,同年任中国社会主义青年团中央宣传部部长,主编《中国青年》杂志。1926年任黄埔军校政治总教官。1927年参加领导了南昌起义和广州起义。1928年任中共中央宣传部秘书长。1930年5月6日在上海被国民党逮捕,1931年4月29日在南京狱中就义,时年36岁。

不欲以儿女之事自累

(给季膺妹的信[①])

季膺妹[②]:

五月廿日信由强弟[③]转来,不觉回环读了几遍,心胸中自然充满了的快感。我初虑强弟或仍不免于结旧式婚姻,又虑

---

① 此信是恽代英在1923年6月19日写给弟媳葛季膺的。
② 季膺妹:即葛季膺,江苏南通县人。在南京高师时与恽子强相识,结婚后一同参加革命。1938年病故于上海。
③ 强弟:即恽子强,恽代英的弟弟。曾在新四军工作,后去延安。解放后任中国科学院学部委员,已故。

强弟交游太狭，或不能得理想的配偶。今读妹此函，吾诚不自觉的以手加额为我强弟庆。以我知强弟之深，亦复不自觉的为妹庆也。

来函云在杨效春房间得一相见，我犹能忆之。对我奖辞，容有过当。所谈志愿性行，我实无任敬佩。强弟能得如此良友，如此畏友，终身作伴，料应朋辈当妒杀耳！迟婚实有利益。我辈老父既因我决于独身，诚不能不早望强弟成婚之念，但为人慈和通达，终不十分相强。我已将妹函附于家禀转寄老父，我意读此函后，当能感恍然如见佳儿妇之乐，更可以不复念念于怀也。

人家说："结婚是爱情的坟墓。"我料强弟及妹，能均葆持今日志行，必可免于此状。普通结婚后所生的坏影响，一是男女性情不平和谅让，二是每因经济上彼此计较发生意见，三是只知恋爱别无正当志愿，及彼此间尊重人格的思想。这均非强弟及妹所有的情形。我因此不能不祝你们的"爱"的前途无量。

我因颇欲以一日之长谋社会的根本改造，故不欲以儿女之事自累。然近来以个人债累（由于以前经营书社工厂失败的结果）仍不能不稍为金钱束缚行动。本年以到成都之便，遂任高师教育学一席，我极无意模仿学者，纵偶有独见，此终觉非分也。现友人约到上海大学任总务长一席，我已以支款了结宿债为条件，决定承诺与否。但八月间总须到沪一行，下半年事现仍不能自决。不过据友人来函，上海大学任教多一时畏友，苟稍经营可为一般改造同志驻足讲学储能之处，故颇重视之也。我约十日后离此。

我亦欲与强弟协力担负，使老父稍息仔肩。但年来偏责强弟的稍多，即将来遇艰危转徙之际，或仍不能免此。惟愿机会较佳时,我终可分任若干也。我们终久当移家江南,若能以将来弟妹结婚的小家庭为基础,然后移家,则自可免于许多旧家庭恶习也。好在家父既不守旧,一庶母年幼而无恶性质,将来可使以工艺自给,一妹则强弟抚视教化之,可信家庭中亦无难处事也。

我视家如旅舍,然正好助弟妹等建立自然而有幸福的家庭。我决不欲吾弟吾妹为家庭而损害恋爱的幸福。我将来可以为你们的高等顾问也。一笑!

我能与我的弟妇如此絮谈,殊为有味。然吾妹实不仅我的弟妇,一方实系我的朋友,我们仍愿在品行学业上,互相切磋敦励。我望吾妹无论何时,均不因我为夫兄而有许多委曲隐讳。吾妹为吾挚爱之强弟的爱人,在吾心胸中比之视吾康妹(在南高附小的)还十分亲切。所以我很不愿无论何时,吾弟或吾妹有因家庭而忍受委曲隐讳的痛苦的地方。果有此等地方,我必尽力为之救〔纠〕正。此皆出于至诚,强弟必深信我,而预料吾妹亦必深信我也。

代英
六月十九

吉鸿昌

　　吉鸿昌(1895—1934),字世五,河南扶沟人。1913年投入冯玉祥的西北军,由士兵升为师长。西北军改为国民革命军后,任第21军军长和宁夏省政府主席。1931年因反对进攻中国工农红军,被蒋介石强令出国。1932年回国后,加入中国共产党。1933年5月,联合冯玉祥、方振武等在张家口组成察绥民众抗日同盟军,任该军第二军军长兼北路前敌总指挥。同盟军失败后,到平津等地从事抗日活动,1934年11月9日在天津法租界被捕,24日在北平英勇就义,时年39岁。

是为时代而牺牲

（就义前给妻子的遗书①）

红霞吾妻鉴：

　　夫今死矣！是为时代而牺牲。人终有死,我死您也不必过伤悲,因还有儿女得您照应。家中余产不可分给别人,留作教养子女干②等用。我笔嘱矣,小儿还是在天津托喻先生照料

---

① 这是1934年11月24日吉鸿昌就义的当天写给妻子胡红霞的遗书。
② 干：一干。

上学以成有用之才也。家中继母已托二、三、四弟照应,教〔孝〕敬你不必回家可也。

刘伯坚

刘伯坚(1895—1935),四川平昌人。1922年在法国勤工俭学时加入中国共产党。曾两次去苏联学习。回国后,历任西北军冯玉祥部政治部主任、红五军团政治部主任、赣南军区政治部主任等职。1934年10月,红军主力长征后,刘伯坚留在根据地坚持斗争。1935年3月4日,在江西信丰、会昌交界处与敌作战中负伤,不幸被俘,3月21日英勇就义,时年40岁。

生是为中国,死是为中国

(狱中给兄嫂的信①)

凤笙大嫂②并转五六诸兄嫂:

本月初在唐村写寄给你们的信、绝命词及给虎、豹、熊③诸幼儿的遗嘱,由大庾县邮局寄出,不知已否收到?

---

① 刘伯坚被捕后,自知定死无疑,于狱中连续写下数封家书。此信,是刘伯坚被捕后的第二封信,写于3月16日。
② 凤笙大嫂:即梁凤笙,刘伯坚妻子的嫂嫂。
③ 虎、豹、熊:即刘虎生、刘豹生、刘熊生,系刘伯坚的孩子。

弟不意现在尚留人间,被押在大庾粤军①第一军军部,以后结果怎样,尚不可知,弟准备牺牲,生是为中国,死是为中国,一切听之而已。

现有两事须〔需〕要告诉你们,请注意!

一、你们接我前信后,必然要悲恸失常,必然要想方法来营救我。这对于我都不须〔需〕要,你们千万不要去找于先生及邓宝珊兄来营救我,于、邓同我个人的感情虽好,我在国外、叔振②在沪时,还承他们殷殷照顾并关注我不要在革命中犯危险。但我为中国民族争生存、争解放,与他们走的道路不同。在沪晤面时,邓对我表同情,于说我所做的事情太早。我为救中国而犯危险、遭损害,不须要找他们来营救我,帮助我,使他们为难。我自己甘心忍受,尤其须要把我这件小事秘密起来,不要在北方张扬,使马二先生知道了,做些假仁假义来对付我,这对于我丝毫没有好处,而只是对我增加无限的侮辱,丧失革命者的人格。至要至嘱(知道的人多了就非常不好)。

二、熊儿生后一月即寄养福建新泉藏溪黄荫胡家。豹儿今年寄养在往来瑞金、会昌、雩都、赣州这一条河的一只商船上,有一吉安人罗高,二十余岁,裁缝出身,携带豹儿。船老板是瑞金武阳围的人,叫赖宏达,有五十多岁,撑了几十年的船,人很老实,赣州的商人多半认识他,他的老板娘叫郭贱姑,他的儿子叫赖连章(记不清楚了),媳妇叫做梁照娣。他们一家人都很爱豹儿,故我寄交他们抚育,因我无钱,只给了几个月的生活费,你们今年以内派人去找着还不致于饿死。

我为中国革命没有一文钱的私产,把三个幼儿的养育都

---

① 粤军:即国民党广东军阀部队。
② 叔振:即王叔振,刘伯坚的妻子,早年参加革命,后在闽西牺牲。

要累着诸兄嫂。我四川的家听说久已破产又被抄没过，人口死亡殆尽，我已八年不通信了，为着中国民族就为不了家和个人，诸兄嫂明达当能了解，不致说弟这一生穷苦，是没有用处。

诸儿受高小教育至十八岁后即入工厂作工，非到有自给的能力不要结婚。到三十岁结婚亦不为迟，以免早生子女自累累人。

叔振仍在闽，已两月余不通信了。祝
诸兄嫂近好！

弟坚
三月十六日于江西大庾

高君宇

高君宇(1896—1925),原名高尚德,山西静乐人。1919年五四运动时为北京大学学生会负责人之一。1920年与邓中夏等组织马克思学说研究会。1921年加入中国共产党,同年到莫斯科出席远东各国共产党和民族革命团体第一次代表大会。1922年曾任中共中央机关刊物《向导》周刊和中共北方区机关刊物《政治生活》编辑。中国共产党第三次全国代表大会上当选为中央执行委员会委员。1924年赴广州参加国民党第一次全国代表大会。1925年3月在北京病逝,时年29岁。

我们抢上前去迎未来的文化罢

(给石评梅的信[①])

评梅先生:

十五号的信接着了,送上的小册子也接了吗?

来书嘱以后行踪随告,俾相研究,当如命;惟先生谦以"自弃"自居,视我能责以救济,恐我没有这大力量罢?我们常通

---

① 此信鼓励石评梅女士鼓起勇气,参加革命斗争。石评梅,山西平定县人。1923年毕业于北京女子高等师范。与高君宇相识后,经常书信往来,进步很快。两人终成恋人。1928年9月石评梅病故,葬于北京陶然亭高君宇墓侧。

信就是了！

"说不出的悲哀"，这恐是很普遍的重压在烦闷之青年口下一句话罢！我曾告你我是没有过烦闷的，也常拿这话来告一切朋友，然而实际何尝是这样？只是我想着：世界而使人有悲哀，这世界是要换过了；所以我就决心来担我应负改造世界的责任了。这诚然是很大而烦难的工作，然而不这样，悲哀是何时终了的呢？我决心走我的路了，所以对于过去的悲哀，只当着是他人的历史，没有什么迫切的感受了。有时忆起些烦闷的经过，随即努力将他们勉强忘去了。我很信换一个制度，青年们在现社会享受的悲哀是会免去的——虽然不能完全，所以我要我的意念和努力完全贯注在我要做的"改造"上去了。我不知你为何而起了悲哀，我们的交情还不至允许我来追问你这样，但我可断定你是现在世界桎梏下的呻吟呵！谁是要我们青年走他们烦闷之路的？——虚伪的社会罢！虚伪成了使我们悲哀的原因了，我们挨受的是他结下的苦果！我们忍着让着这样，唉声叹了去一生吗？还是积极的起来，粉碎这些桎梏呢？都是悲哀者，因悲哀而失望，便走了消极不抗拒的路了；被悲哀而激起，来担当破灭悲哀原因的事业，就成了奋斗的人了。——千里程途，就分判在这一点！评梅，你还是受制度于运命之神吗？还是诉诸你自己的"力"呢？

愿你自信：你是很有力的，一切的不满意将由你自己的力量破碎了！过渡的我们，很容易彷徨了，像失业者踯躅在道旁的无所归依了。但我们只是往前抢着走罢，我们抢上前去迎未来的文化罢！

好了，祝你抢前去迎未来的文化罢！

君　宇

一九二一、四、十六

侯绍裘

侯绍裘(1896—1927),字墨樵,化名苏绍裘,江苏松江县(现上海市)人。1923年先后加入国民党和中国共产党。1925年任国民党上海执行部宣传委员和教育委员,同年主持建立了中共苏州第一个党组织。1925年至1926年,任国民党江苏省党部常委兼省党部中共党团书记。上海工人第三次武装起义时,当选为上海特别市临时政府委员。1927年3月赴南京准备就任江苏省政府委员兼建设厅长,4月10日被国民党逮捕,惨遭杀害,时年31岁。

收回租界为一事,尽国际之礼貌及义务又为一事

(给妹夫的信①)

鸣时:

现在有一件事要求你,望你作一篇关于汉案②的英文文章

---

① 1927年1月3日英帝国主义制造汉口惨案后,侯绍裘写信给妹夫唐鸣时,要求他撰写文章揭露英帝国主义制造汉口惨案的真相。

② 汉案:指汉口惨案。1927年1月3日,汉口工人、学生和市民集会游行,庆祝北伐战争的胜利。游行队伍在江汉关前,遭到英国水兵屠杀,死伤三十多人。1月5日在中国共产党的领导下,汉口工人、学生和市民数十万人举行大示威,驱逐了英国巡捕,收回了英租界。

投稿到大陆、字林西报,其要点大略如下:(一)租界上盗案等叠出,外人维持治安之能力并未能高于华人。而租界当局往往无故公然杀戮华人,华人久蓄愤懑之心,触机爆发。如五卅案后①,香港、上海之罢工……(二)至于汉口事件,则因英人仍故态复萌,无故公然惨杀华人,民众之愤怒不可遏抑,而租界当局亦实已表现无维持治安之能力,国民政府为显示威信,维持治安及保全外人之安全,以维持邦交计,不得不暂行接管。此属事势所迫,不得不尔。(三)汉口英界之接管,目前仅为暂时接管性质,以便实现如上述之各项企图。其初本未有贸然以武力收回之心,即事后亦并非借口而实行收回。乃现在且暂行接管,再行交涉汉案之善后。如英当局能承认人民之要求,保证将来无此等事件之发生,以触怒华人,且实能保证其有维持治安之能力,则交涉结束后,亦未始不可仍行交出,再行用和平谈判收回。(四)收回租界,虽属民党之究竟目的,然并不欲用强制之手段,且亦不一定即欲在此时局未定之际率然用武力或其它强硬之方法收回。汉口英界乃事势所迫,其它各地各国之租界,如无惨杀华人等案件发生,则无论此时或将来归入国民政府势力范围,亦必用和平之谈判收回之。汉口之他国人及别地之各国人均无所用其惊慌也。(五)至于收回租界为一事,尽国际之礼貌及义务又为一事。故无论收回与否或暂行接管,而对于居留之外人生命财产必

---

① 五卅案:1925年2月,上海、青岛等地的日本纱厂工人先后举行大罢工,遭到日本帝国主义和北洋军阀的镇压。5月15日,上海日本纱厂资本家枪杀工人顾正红,打伤工人十余人,激起全市人民的愤怒。30日,上海学生两千多人在租界内宣传声援工人,号召收回租界,被逮捕一百多人。随后群众万余人,集中在英租界南京路巡捕房门前,要求释放被捕者,抗议帝国主义的暴行,英国巡捕开枪镇压,打死群众十余人,伤无数,造成震惊全国的"五卅惨案"。

尽保护之责。其自相惊扰者,则必系故意慌张,欲挑拨一切外人对我之反感之阴谋也。

绍 裘

黄竞西

黄竞西(1896—1927),江苏江都人。早年在丹阳随父亲经营中药店,1925年加入中国共产党,任中共丹阳独立支部书记。第一次国共合作时期,任国民党江苏省党部执行委员兼商人部长。1927年3月,参加上海工人第三次武装起义,以商人身份作掩护,秘密运送武器弹药。1927年在上海被捕就义,时年31岁。

夫妻能偕老的有几呢

(狱中给楚云妻的信①)

楚云爱妻:

□□二六被捕□命□竞,我与你诀别于二六大早。我觉得做革命的□早□□□□□□□有何可惧!去年孙传芳时在法界被捕,我已料不能再生,那知还可使我多活一年。在党方面说,多做一年工作,在我们夫妻方面说,多一年的爱情!想到这里,你也可自慰一下。惟今昔情形不同,我终觉得死于

---

① 1927年6月26日,黄竞西被捕后,关押在上海枫林桥监狱,临刑前留下遗书六封。

今比死于昔使人们可觉悟中国是需要继续革命的,我之死也无余恨。惟我们不能偕老,夫妻能偕老的有几呢？一年、一月、数日的都有,我们已有了十年,也不算少了,宝儿也四岁了。你万勿以我而悲伤。你的体弱,千万要保重,扶养小儿长大读书,能继我志而努力才好。身后家中事我托伯哥、楚哥、岳舅等,我想也无大问题,惟使你更苦罢了。我希望你本我耐苦的素志,倘有问题可和伯、楚等商量,伯哥爱我如手足,你可常和他通信。祖父年老了,我事最好勿告他,免他心急,店事请楚哥与岳舅商量,并望霖哥为我各处设法,可无问题。倘要钱用,可请霖兄去借。楚姊！我心爱的情人,不能再和你一面了,会时难过又不如不会了。死是一快乐事,尤其是为革命的。我在未死前,毫不畏惧,你们不要痛心。死者已矣,惟望生者努力,束①之仇将来欲报。月坡是投机分子,个人主义者,我终说像他那样的三民信徒,国民党就不堪了。长林处可函去报告。老虎毯在石寿处,托普成去问他。要钱可向伯哥借些先用。我们人的遗体随他在上海好了,革命的精神与尸骸同葬一处好了。你不要穿白衣,带〔戴〕这样重孝,只要臂章黑纱志哀可也,尤不要迷信,请和尚,买纸箔,空费金钱于无益。我不能再几天一信一片的常通音信了。我虽死,我精神终萦绕于你的左右,只当未死好了。千万不要哭,你弄坏身体小儿无人照应,我反不放心。我相信你一定可以依照我的遗言,一若我活在家中一样,那末我在地下也可瞑目了。最后祝你健康

　　　　　　　　　　　　你的爱弟　竞西在上海
　　　　　　　　　　　　六、二九

---

① 束:即束炳树,江苏丹阳人。1927年6月,束向国民党反动派告密,致使黄竞西等重建的国民党江苏省党部(左派)在上海的秘密机关遭到破坏。

家中一切拜托你

(狱中给岳舅的信①)

岳舅：

别了，我上有祖叔，下有妻儿，恳秉公使我妻能过活，庶不负我父子之多年生涯，家中一切拜托你。竹君甥媳如有借挪等情，望念我情格外体贴，偏劳你主持店务苦力苦心！我为党牺牲，有无上光荣，你们不要为我悲伤。只要念我身后萧条是真为党奋斗的。弃家店出外，并不希奇，惟社会上亲戚朋友当咒诅，那更不足论了。纸短情长，不尽欲言。惟我在地下保佑你。

竞西　遗言

---

① 岳舅：指张岳山。黄竞西原在丹阳经营父兄留下的种德堂中药店，外出致力于革命后，店务由张岳山主持。

陈潭秋

陈潭秋(1896—1943),原名陈澄,字潭秋,湖北黄冈人。1920年10月参加武汉共产主义小组。1921年7月参加中国共产党第一次全国代表大会。曾先后任中共武汉地委书记、湖北省委组织部长、江西省委书记、满洲省委书记、福建省委书记、中华苏维埃共和国临时中央政府粮食人民委员等职。1939年任中共驻新疆代表和八路军新疆办事处负责人。1943年9月27日在迪化(今乌鲁木齐)被军阀盛世才秘密杀害,时年47岁。

我始终是萍踪浪迹、行止不定的人

(给哥哥的信[①])

三哥、六哥:

　　流落了七八年的我,今天还能和你们通信,总算是万幸了。诸兄的情况我间接又间接的知道一点,可是知道有什么用呢!老母去世的消息,我也早已听得也不怎样哀伤,反可怜

[①] 此信于1933年2月22日写于上海。当时,国民党在上海疯狂捕杀共产党人。中共临时中央政治局被迫由上海迁往中央苏区,并决定陈潭秋等同志也到中央苏区工作。行前,陈潭秋给湖北老家的哥哥写了此信。

老人去世迟了几年,如果早几年免受许多苦难呵!

我始终是萍踪浪迹、行止不定的人,几年来为生活南北奔驰,今天不知明天在那〔哪〕里,这样的生活,小孩子终成大累,所以决心将两个孩子送托外家抚养去了。两孩都活泼可爱,直妹①本不舍离开他们,但又没有办法。直妹连年孕产,乳,哺,也受累够了,十九年②曾小产了一男孩,二十年又产一男孩,养到八个月又夭折了,现在又快要生产了。这次生产以后,我们也决定不养,准备送托人,不知六嫂添过孩子没有?如没有的话,是不是能接回去养?均望告知徐家三妹(经过龚表弟媳可以找到)。

再者我们希望诸兄及侄辈如有机会到武汉的话,可以不时去看望两个可怜的孩子,虽然外家对他们痛爱无以复加,可是童年就远离父母终究是不幸啊!外家人口也重,经济也不充裕,又以两孩相累,我们殊感不安,所以希望两兄能不时的帮助一点布匹给两孩做单夹衣服(就是自己家里织的洋布或胶布好了)。我们这种无情的请求望两兄能允许。

家中情形请写〔信〕告我校徐家三妹转来。八娘子及孩子们生活情况怎样?诸兄嫂侄辈情形如何?明格听说已搬回乡了,生活当然也很困苦的,但现在生活困苦,决不是一人一家的问题,已经成为最大多数人类的问题(除极少数人以外)了。(我的状况可问徐家三妹)

弟　澄上
二月二十二日

---

① 直妹:即徐全直、陈潭秋的妻子。中共党员。1933年在上海被捕,次年1月牺牲于南京雨花台。

② 十九年:指民国十九年,即1930年。

王若飞

王若飞(1896—1946),贵州安顺人。1919年冬赴法国勤工俭学,1922年加入旅欧中国社会主义青年团,同年加入法国共产党,不久转为中国共产党党员,为中共旅欧支部的领导人之一。1923年赴苏联学习,1925年回国,曾任中共豫陕区委书记、中共中央秘书长等职。1928年任中共驻共产国际代表团成员。1931年回国,在内蒙古包头被国民党政府逮捕。1937年夏经营救出狱后,历任中共陕甘宁边区党委宣传部长、八路军副参谋长、中共中央秘书长等职。在中共七大上被选为中央委员。抗战胜利后,作为中共代表之一参加重庆谈判和政治协商会议。1946年4月8日由重庆返延安途中,因飞机失事遇难,时年50岁。

一切东西都是在流动变化着

(给舅父的信[①])

亲爱的舅父[②]:

吾幼受舅父教养之恩,未有寸报;孤苦老母未受我一日之

[①] 此信是1931年1月7日在包头监狱中写给舅父的。当时王若飞从苏联回国,途经包头被国民党政府逮捕。其舅父专程赶到监狱探望。

[②] 舅父:即黄齐生,贵州安顺人,教育家。

奉养，今日被捕，又劳舅父于风雪残冬远来塞外看视，尤其令我感激的，是舅父能了解我，不以寻常儿女话相勉。吾观舅父精神仍如往昔，又知老母及至亲骨肉，均各无恙，以后清贫之生活，亦尚能维持，使我更无所念。

舅父所著书及诗，尚未奉读，他日读后如有所见，能写信时，自当奉告。吾尝谓舅父思想行动，为托尔斯泰伯爵①一流人物。托氏身为贵族，然极不满于上层社会残暴豪华的生活，十分同情于下层平民被践踏的生活，愿意到平民中去，并帮助他们。可惜他只有满腔的同情心，而没有使穷苦群众得到解放的方法，所以他只能是穷苦群众的好友，而不是革命的领导者。这是我与舅父思想行动分歧的地方。舅父思想，宗教色彩甚浓。一切宗教哲学的发生，都是当时当地社会的反映。时代变动，环境变动，这些宗教哲学也必然要随着变动。现在回、耶、佛等教，已非复最初的本来面目。我之读宗教书籍，只是为知道当时及现在人们的社会生活，怎样在思想上反映出来。我们的哲学，是认为一切东西都是在流动变化着。我们不仅要认识世界，而且是要改造世界。这样的精神观与"金刚经"②所谓"一切有为法，如梦幻泡影，如露亦如电，应作如是观"的静的观点相反。以上请舅父恕我狂妄的批评。

我妻现在闸北，干戈遍地，音讯难通。特留数行，请舅父代为保存，将来有机会见面时再交给她。舅父此来，情义已尽，塞外苦寒，不敢久留。舅父回去时，对诸知爱亲友，均请代甥问安。

甥　若飞书　一九三一年一月七日

---

① 托尔斯泰：十九世纪俄国著名作家。
② 金刚经：佛教经名。

念国难之日急,恨己身之蹉跎

(给铭兄的信[①])

铭兄:

岁尾年头,最易动人怀抱。况我今日处境更觉百感烦心,念国难之日急,恨己身之蹉跎。冲天有志,奋飞无术。五更转侧,徒唤奈何!虽然楚囚对泣,惟弱者而后如此。至于我辈,只有隐忍以候。个人生命,早置度外。居狱中久,气血渐衰,皮肉虚浮,偶尔擦破,常致溃烂。盖缘长年不见日光,又日为阴湿秽浊所熏染。譬之楠梓豫章之木,置之厕所卑湿之地亦将腐朽剥蚀也。又冬令天短,云常不开;又兼房为高墙所障,愈显阴黑,终日如在昏幕中,莫能细辨同号者面貌。人间地狱,信非虚语。有人谓矿工生活,是埋了没有死,大狱生活,是死了没有埋。交冬以来,吾日睡十四小时(狱规:晚六时即须就寝,直至翌晨八时天已大明方许坐起),真无殊长眠。当吾初入狱时,见一般老号友对于囚之死者,毫无戚容,反谓"官司打好了",深诧其无情。后乃知彼等心理皆以为与其活着慢慢受罪,反不如死爽快也。

以上琐琐叙述大狱生活,吾兄阅后,或将以为弟居此环境中,将如何哀伤痛苦,其实不然。弟只有忧时之心。一息尚存,终当努力奋斗。现时所受之苦难,早在预计之中,为工作过程所难免,绝不值什么伤痛也。因此弟之精神甚为健康,绝

[①] 此信是王若飞 1933 年在狱中写给表姐夫熊铭青的。

不效贾长沙①之痛哭流涕长太息；惟坚忍保持此健康之精神。如将来犹有容我为社会工作之机会，固属万幸，否则亦当求在狱能比较健康而死，弟并无丝毫悲观颓丧之念也。与吾同号者，尚有五人，彼等官司皆在十年以上，时常咨嗟太息，以为难望生出狱门，我尽力慰解彼等，导之有希望，导之识字读书，导之行乐开心（下棋唱歌），一面使彼等有生趣，一面使我每日的生活亦不空虚。当彼等诅咒此大狱生活时，我尝滑稽地取笑说："我们是世间上最幸福的人。每天一点事不做，一点心不操，到时候有人来请睡，一睡就是十四点钟；早上有人来请起，饭做好了就请我们吃；难道还不够舒服么？"同时又叙述遭受天灾或兵灾区域难民的痛苦，冰天雪地中沙场战士的生活，我们较之，实已很舒服。自然任何人都愿在沙场争战而死，不愿享受大狱的舒服。吾之为此言，一面取笑，一面亦示人世间尚有其他痛苦存在，不可只看到自己也。即如吾兄现时之生活，想来亦必有许多难处，不过困难内容性质与弟完全不同耳。弟处逆境，与普通人不同处，即对于将来前途，非常乐观。这种乐观，并不因个人的生死或部分的失败、一时的顿挫，而有所动摇。弟现时所最难堪者，为闲与体之日现衰弱，恨不能死于战场耳！每日天将明时，枕上闻军营号声，不禁神魂飞越！嗟乎！吾岂尚有重跃马于疆场之日乎？

一九三三年一月

---

① 贾长沙：即贾谊，西汉著名的思想家、文学家。

李启汉

李启汉（1898—1927），湖南江华人。1921年在上海加入中国共产党。曾任中国劳动组合书记部干事兼《劳动周刊》编辑，在第二、三次全国劳动大会上被选为中华全国总工会执行委员兼组织部长。1925年参加领导省港大罢工，任罢工委员会委员、干事局局长和党团副书记。1927年在广州四一五反革命大屠杀中被害，时年29岁。

现代的文学要革命

（给父母亲的信①）

双亲大人膝下：

儿祀生敬禀，从前大人的信说："今年汇款惟难，明年余亲来此经纪则疑易，而接洽更有希望也"。登时儿即回一封信来问大人，现今已三、四个星期了，还没有来信，胸中道有点奇怪。后来又寄了两次报同杂志，想必都已收到了。那杂志同报都是白话的，我想必大人看了总觉得有些奇怪，总会有些厌气、不喜欢的处所，这是怪不得的。现今的时事已变

---

① 此信是李启汉1920年在上海读书期间写给父母的。

了,不会像从前一样,所以初初的见了这新的总会有点奇怪。现今的书报杂志大多数是用白话的为好,怎么说?据现今的大文学家说:古文同白话文有两大比较,知道这两大比较就晓得白话文的好处了。一是效用的比较,二是时间的比较。效用怎么比较?他说文字是代表意思的,就是代表言语的。为什么我们要用文字来代表言语,是不是因为我们想把我们的意思传达四方,达之大众才用文字的?若是这样的,那么我们所以用文字的意思,是想人人懂得我们的意思的,是愿意普遍的。倘若我们用起古文的文字,做成古文的样子来传播我们现今的意思,试问能懂得几人?不讲农、工、商、贾,就是读书十多年的,几个能了解完全?照这样看来,这文字就不是传达意思的,完全是一种古董玩器,又有什么用呢?并且不能够完完全全达出我们的真意思来,总觉有些朦朦糊糊的处所,所以文言的文学是不适用的。白话的文学就不然,与讲话的效用同而更大。讲话只能在一小团体中传播意思,用白话文能四方传播,那是不待言了。并且口不能讲完全的,可以完完全全写出,与本有的意思不变一点,又没有一个人能不懂,就是不识一个字的人若听得人家读起,也就可以领略他。繁难的科学要研究,那有什么闲暇时间去做那无用于现代人生的事?所以现代的文学要革命。再总括上面来看,古文可知难做、难懂、又难达完全意思,白话文易做、易懂、更易达出真意。岂不白话好得多吗?并且现今的思想也大大起了革命,所以这些好杂志同报都是革新的思想。望大人细细看那内里的思想。那新生活是现今的大改革家、大文学家等组织的,有些是在北京大学当教员的,所以切莫看细他。今天时间不早了,有事本想下回再禀,无奈

儿在学校的时间太经济了,有许多服务的事情要做,办报啦,办平民学校啦,就是自己的功课……①

---

① 原信此处残缺。

吴宪猷

吴宪猷(1898—1928)，又名象才，湖南慈利人。早年参加革命，1926年在中学读书时加入中国共产党，同年秋调湖南区委工作。不久，调任桃源县委书记。1928年，他从桃源去常德接洽工作，不幸途中被捕，不久被反动派杀害。

要努力的学习革命工作的经验和理论

（给弟弟的信①）

嘉弟：

我俩于二号在县南门握别，是日只歇热水坑。因为我既在桃源负责，抵了桃境，对于工作方面，就不得不注意注意。所以那天在热水坑，就检阅党部、农协和妇女会的工作成绩。

三号清晨起程，九时抵双市，在该市稍为留几时，即又提其行李向前跑，午时抵漆市，在第八区党部午餐，晚九时搭船，翌日四时，抵白洋河，当即起岸，八时许抵桃县。

你在县里，总要努力的学习革命工作的经验和理论。我们工作，必先要有理论，但须要在革命工作中求得。

---

① 此信写于1927年。

你的小资产阶级性质：如暴躁，如面子上下不去，如英雄思想，如封建思想，如袒护资产阶级及帮土豪劣绅说话，如高傲，如看不起人，如不与农民及最下的工人接近，如不注意下事，如不做下层工作，如吸食鸦片及赌博打牌，及一切的浪漫不正当行为，如工作不努力，及不努力学习、乘暇看书等等，一切均要涤除尽净，方可成一真正的无产阶级者。我们要牺牲自己的利益，为无产阶级利益而牺牲、而奋斗。我们时时要莫忘掉了为党服务，无条件的为党服务，接受党的指挥和命令，这是我们革命的无产阶级所应持的态度。

你在那里的一切行动，总要听温、熊、邹各同志的指挥。我在此地的工作，刻下忙碌不了，不能对你多谈，你如果在那里万一不好，可写信给我，我再来替你设法。余不尽。

祝
你努力！

宪　猷
四月初五手书

冷少农

冷少农(1898—1932),贵州瓮安人。中国共产党党员。1923年毕业于贵州省立法政专门学校。1926年赴广州参加革命。1929年曾在南京军政部从事秘密工作。1931年在中共南京市委工作。1932年3月被捕,同年5月在雨花台英勇就义,时年34岁。

我真的是不忠不孝、忘恩负义吗

(给母亲的信①)

母亲:

好久没有接着你的信了,更是好久没有聆听你老人家慈爱亲切的教训了,我的心中是多么的想念啊!我因此曾经写信去向三弟询问过,我因此曾经再三的自省过,我不知道我有什么触犯家庭,我不知道我有什么干怒母亲,以致值得你们这样的恼恨我,弃绝我,甚至于不理我。

前天接着你老人家"三八"妇女节给我的信,我高兴得什么似的,我把它翻来覆去的读了好几次,读得我真是狂欢得要

---

① 此信1930年3月31日写于南京。

跳起来,我知道你老人家虽然在痛快淋漓的叫骂我,但你老人家的心中仍然是极端的痛〔疼〕爱我。我知道你老人家虽然已经是恼恨我,但还不至于弃绝我和不理我,由此我更体会到母亲对儿子的爱,它的崇高和伟大,是任何的爱不能及得着的。

真的,我现在确是成为一个你老人家所骂的不忠不孝,忘恩负义的儿子了。我为什么要这样不忠不孝,忘恩负义呢?在以前没有指责我的人,就是所谓没有人点醒我,所以我只觉我做的都是对的,我就这样尽力做下去,一直做下去以至于现在,已经是牢不可拔了。今天,虽然有你老人家慈爱的呼声作我的当头棒喝,也恐怕是不可救药吧。

母亲,你第一急切要知道的,怕是我在南京干的是些什么吧。我的普通情形也很平常,同其他的普通人一样,每月拿八十块钱,办一些不关痛痒的例行公事,此外吃饭睡觉,或者在朋友处玩。这样的事在我是一钱不值的,不过因为要生活着,同时还有好多人又在羡慕着而想夺取着,所以我就不得不敷敷衍衍的将就混下去。这样呆板无聊的生活,久过有什么趣味,照理我应该把它丢掉,回家来一家老少团圆的过着,或者在地方上当绅士,或者在省城去活动活动,怎么还老在南京呆着呢?这,我有我的想法,在南京虽然呆板无聊,但还可以随时得到新书看,还可以向新的方向进展。老实说,还可以为痛苦的人类尽相当的力量。

人是理智和感情的动物,我现在还是人。虽然你们骂我不叫〔是〕东西,我自信我还是一个人。我的理智和感情当然还没有失掉,至少是没有完全失掉。你老人家是生我身的母亲,而又是这样的慈爱我;大哥是我同胞共乳的手足,因为父亲早死,对于我的教养也曾相当的负过责任;娴贞是我十余年来同床共枕的妻子,为我抚育儿女,从未有不对的地方……母亲,你就不提及他们,我也是朝夕忘不掉的。在家庭中,我是一个受恩最多而一点未酬的人,照理我应该把家庭中一切的责任负起来,努力的去完成我一个好儿子,好兄弟,好丈夫,好父亲的事业,至少在外面应该努力的做一个显亲扬名的角色,极力的把官做大一点,把钱找多一点,并且找的钱应该全部送回家来,使得家里的人都享受一点清福,使乡里的人个个都要恭维我家的人。这样,我才能稍稍尽一点忠孝,这样,才不算忘恩负义。但是我竟不这样做,不这样做就算没有尽着责任。没有尽着责任,就不算什么东西,东西都不成,自然更不会叫做人了。我能够想到这个地方,我的良心算尚未丧尽吧。怎么想得到而又不肯这样做呢?这是你老人家急于要知道的,也是我现在要解答的。你老人家和家庭中一切人过去和现在的痛苦,我是知道的,但是无论怎样的苦,总不会比那些挑抬的、讨田耕种的、讨饭的痛苦。他们却一天做到晚,连自己的肚皮装不满,连自己身上都遮不着……母亲,你看他们是多么的痛苦,是多么的可怜哟!他们愿意受痛苦,愿意受耻辱,愿意受饥寒,愿意丢掉生命吗?是他们贱吗?是他们懒吗?不是的,一切的土地都为这些有钱有势的人占去,不给他们找着事情做的机会,尽量想法去剥削他们,不使他们有点积蓄,有钱有势的人却利上生利,钱上找钱的发起财来,财越发得大,这样受苦的人越来得多,这样的人越来得多,使得大家都不安宁。母亲,你老人家已经要到六十了,你见的比我见的多。只要你老人家闭起眼睛想一想,我说的话该不会是假话吧。我因为见着他们这样的痛苦,我心里非常的难过,我想使他们个个都有饭吃,都有衣穿,都有房子住,都有事情做。我又想这些有钱有势的人不要长期的玩格〔顽固〕,长期的把一切都占据着,而使得他们老是受痛苦。所以我现在就是在向这个方向去做。这样的事情是一件最大而又最复杂的事情,我要这样干,非得把全身的力量贯注着,非得把生命贡献。我既把我的力量和生命都交给这一件事情,我怎么能够有工夫回家来,忍心丢着这样重大的事情,看着一般人受痛苦,而自己来独享安逸呢?

母亲,你是很慈爱我的,就是家中的一切老少也很想念我的。因为太过于慈爱和太过于想念我,才会一再要我回家来,但是请你们把这爱我和关注我的精神换一个方向,去爱我上面所说的人。去关注他们,把他们也当作你们的亲儿子和兄弟一样。母亲,我真的是不忠不孝,忘恩负义吗?我是把我的孝移去孝顺大多数痛苦的人类,忠实的去为他们努力。同时我是社会豢养出来的一个分子,我受社会的恩惠也很多,所以我也不敢对她忘恩负义。我时常想以这样的态度对待家庭是不对的,但是一想到大多数的穷苦民众,他们人数是这样的多,他们痛苦是这样的大,我家庭中的人虽然也受有一点儿痛苦,哪能及得他们?况且母亲你老人家又爱做好事,我这样的做,不也就是体贴着你老人家的意思吗!母亲,要是你老人家明白我这个意思,我想你一定会设法来鼓励我,督促我,决不会再骂我不忠不孝,忘恩负义了吧?

我这样的做法,也不是我个人的意思,自然是有好多同伴,干起来倒很热闹,很快活。要是当这件事情得着一般穷苦的人们了解的时候,他们更是喜欢我们,亲近我们。我们这样的做法,自然有的人不满意我们,有些是不了解,有些是对于他的利益有关系,随时都在阻碍我们,反对我们,甚至于要杀害我们。但是我们一天天的人多起来,势力大起来,我们是要取得胜利的。反对我们的人是要遭我们消灭的。

当父母长者的人,应该使儿女幼小者努力于社会事业,为大多数劳苦民众谋利益,除痛苦,决不要死死的要尽瘁于家庭。革命之火快要延烧到全世界了,旧的污垢(为个人的)以及一切反革命的东西是要会被消灭的。不信,请你等着看一下。

母亲,儿一气写了这样多,中间自然免不了许多冲撞的话,但是我热情的希望你老人家和家中的老少们深深给我以原谅吧。

谨此敬祝

健康

合家安乐

二儿农 三、三一

社会之新光在照耀着你

(给儿子的信①)

苍儿②:

收到你的信,使我无限的欢欣! 使我无限的惭愧。你居然长这样大了,你居然能读书写字,并且能写信给我了。我频年奔走,毫无建白〔树〕,却得你这个后继希望,这使我是多么的欢欣啊! 然而你的长大和你的教养,我都未负一些责任,同时却有累了你的祖母、伯父、母亲。虽然是社会和时代所造成,我的内心实不免万分惭愧,在惭愧中还要你为我向你的祖母、伯父、母亲们深深致谢。

---

① 此信写于1931年。
② 苍儿:冷少农之子。

时代的车轮不息的旋转,你生在中产的家庭,得饱食暖衣的读书写字,这种机会是非常难得的,希望你好好的努力,以期无负于家庭,无负于社会。同时你要时常留心到远的或近的人们,有许多是没有法子读书写字,有些更是没有法解决衣食。你就要想到你读书写字的目的,是要为这一批人求一个适当的解决。这一层我更望你朝斯夕斯的不要轻轻放过。

一个人除解决自身的问题而外,还须顾及到社会人类,而且个人问题须在解决社会人类整个的问题中去求解决。你除好好的努力读书写字,养成能力而外,还须健全你的身体,每天除读书写字而外,还须作有计划,有益健康之运动与游戏,使知识与体力同时并进,预备着肩负将来之艰巨。

你的祖母、伯父、母亲是十分钟爱你。我虽然离开得远,不能向你作切实的表示,但是也不能说我不爱你。我之爱你,是望你将来为一极平凡而有能力为一般劳苦民众解决不能解决之各项问题,铲除社会上一切不平等之人物。苍儿,社会之新光在照耀着你,希望你猛进。

至于你对我所说的一切,我当然能领会的,我既以这样的远大期许你,我为完成我的期许,我为一般被压榨穷苦无靠的人们而期许你。对于你的要求,我将尽力的站在正确的立场而允许你,而设法为你实现。苍儿再会。

在新年的晨光中为你祝福

农　元月八日

张　炽

张炽(1898—1933),字子昌,云南路南人。1924年考入北京民国大学政治经济系,同年加入中国共产党。1926年5月,任中共北方区的特派员,由北京到大连巡视工作。7、8月间赴广州参加北伐,任营指导员。1927年大革命失败后,在江西、广州、香港等地从事革命工作。1930年到上海党中央训练班学习,任支部书记,兼从事工人运动,不幸被捕。1933年4月壮烈就义于南京雨花台,时年35岁。

失败与小挫是我的事业成就的母亲

(给妻子的信[①])

冰妹妹:

你二月二十九写给我的信,我早已收到了。这是我与你别后第一次接着你的信。漂泊无定,客中孤寂的我,看后是多么的欣慰啊!尤其是你勉励我的许多话,令我十二万分的感动。我决定把他〔它〕刻在我的心上,永不敢忘!

冰妹妹,我决不灰心、消极。我相信,十分相信,我的前途

---

① 此信是张炽1930年在上海从事革命工作时写给妻子胡素冰的。

仍旧是很光明的。失败与小挫是我的事业成就的母亲。只要我们肯努力奋斗，我相信，十分相信是终有一日会偿了我们的素愿的。不过为了我的四方奔走，使你五年来感受着许多的痛苦、烦闷……完全不有得着人生的乐趣。即使再小一点的，也说不上。因此，我想到了这些，念到了你，就心痛得很。冰妹妹，你的幸福是旧社会把你牺牲了，但我也要负一点责的吧？妹妹，我们的幸福确实是被旧社会牺牲了。我们的成功之日，就是我们的幸福到来之日了。我们忍着痛一些时罢！莲英姊妹已长大听话，你的痧久已不发……这些都是使我十分的欣慰的，我日来同三个朋友住在一处，不像以前的寂寞了。我们每日除看书看报等外，也常到各处玩玩，并且做些家乡口味吃吃。说到我的身体，更是比以前好得多了，我到永安公司去称过比我初来上海时重了十多斤了，看我脸也是比前还要年青一点，你不信，等我回来你看就相信了。我在两三日内，如有伴即将整装回来了。其他下次再叙。

祝你们和家中老幼都

安好！

你的昌于上海

四月二十九日

杨介人

杨介人(1898—1936),字廉泉,原名杨介庄,河南沁阳人。1919年赴法勤工俭学,1922年在法国加入中国共产党。1923年回国后,负责安阳、新乡、焦作等地的工运工作。1924年任安阳县委书记。1932年因叛徒出卖,在天津被捕。1936年被杀害,时年38岁。

要大大的与洋人作个对头

(给母亲的信①)

母亲大人:

儿这两三月没有往家写信,实在因为儿的事情太忙了。

儿来法国漂洋过海,作工,求学。这都是因为家中贫困不能不来外国了。儿这几年来,东跑西走,不但是为家,更是为国。咱家贫穷,我是知道的,洋人每年把咱中国黄金都运往外洋去,你是不知道的。洋人们买咱中国的麦,把麦就买贵了。咱们中国人要不想法子把洋人们打跑,咱们都成了洋奴了。你的儿子在外国亲眼看见洋人戴着钢盔、刺刀和大炮、洋枪,

---

① 这封信是杨介人1922年将要离开法国赴俄国去学习前写给他母亲的。

到咱中国去了。你的儿子,要大大的与洋人作个对头。你的儿子,一、二年就要回中国了。母亲不要忧念,不要挂念。我快回中国了,儿快回中国了。

你的儿媳妇,上学读书,这是应该的。女人们不读书不识字就是睁眼瞎子。你的儿媳妇不识字、不读书,是很可怜而可恶的。这怨她的娘家,她的娘自小就不叫她读书识字,叫她一辈子当个睁眼瞎子,这不可怜吗?

我的姐姐,不识字,不读书,这怨我的爹,我的爷,为什么叫我读书、上学,不叫我姐、我姑上学读书哩?这是很不对。我现在知道了,女人们不上学不识字是很不对的。洋大闺女没有不上学不读书的。

你的儿媳妇,你要叫她好好上学,叫她能写信,会算帐,能看下来书信。我不能在家,她就是你的大儿。你没有闺女,你要把她当作闺女。

我的兄弟火泰,今年已十二岁了。他是你的小儿,你要叫他读书上学,不要叫长大了,连个信都看不下来,这是不对的。儿不能在家,不能教他读书。我心中时时刻刻忧念他。

我不久要回来,要在俄国过,再住一二年。俄国是穷人的国家,有钱人家的房院土地都充公了。没贫没富,男女上学,男女都做工。"谁不做工没有饭吃"。这是俄国的俗话。我上的大学也不出钱。

母亲,我要起身了,一半年就回中国了。儿想说的,千言万语,说不尽。

敬问母亲身体安康!

咱家人口平安。

儿　介臣(一月十六日法国)

蒋径开

蒋径开(1898—1936),湖北英山人,早年在北京大学学习时加入中国共产党,后赴广州黄埔军校学习,并参加了著名的北伐战争。1927年"四·一二"反革命政变后,回到家乡英山从事革命活动。1929年,担任上海闸北区委书记。1933年由于叛徒告密被捕,1936年被害,时年38岁。

豺狼总有一天是被人们打死的

(给妻子的信①)

子乡②:

你好吧!生活如何?时在念中,我现估计他们是不会放过我的。但是你千万不要悲伤,以后你会有像我这样的好人照顾你的。宗儿③你要好好教育他,今后不要和他们一起,和他们在一起是没有出息的,因为他们是人们最恶恨的一群豺狼。豺狼总有一天是被人们打死的。你要坚定、镇静、不怕威

---

① 蒋径开同志被捕入狱后,于1935年3月18日写下这封遗书,藏在棉袄衣角夹层里。后由蒋径开的妻子张子乡在拆换棉袄时,发现了这封遗书。
② 子乡:即张子乡,蒋径开的妻子。
③ 宗儿:即蒋汉宗,蒋径开的儿子。

胁、不怕艰苦、带着宗儿活下去,总有一天是属于我们的,不信,等着看吧!顺祝
近佳

径 宇
二十四年三月十八日于曹河泾

刘 华

刘华（1899—1925），原名炽荣，字剑华，四川宜宾人。1923年在上海加入中国社会主义青年团，11月加入中国共产党。1925年2月，领导沪西日本纱厂工人大罢工，建立工会组织。同年，在全国第二次劳动大会上，当选为中华全国总工会执行委员。同年5月，参加领导五卅运动，被选为上海总工会副委员长、代理委员长，11月在上海被捕，12月17日被军阀孙传芳秘密杀害，时年26岁。

只要认清了前途，就是拚命也要去干

（给叔叔的信①）

选皋阿叔：

我收到你这封信，正是我由中华书局脱离而入上海大学的那一天，——十三号，七〔月〕初二日。——心里十分欢喜。因为从头回接到你内江的信以后，许久都没有消息来，虽然说不怎么着急，倒像心中挂歉〔牵〕得很！——如今已放心了。

---

① 此信于1923年8月14日写于上海。当时刘华在上海中华书局印刷所当学徒，但他一直没放弃学习，经过努力，他终于进入上海大学中学班。入校的第二天，他给叔父刘选皋写了这封信。

大哥和你共事虽不久,总还算他不至寂寞;成败不过一时的挫折,在我看来也算不得什么,只要身体好,万事都可了得。大哥,他希望我努力勤学,实业是可靠的东西,在道理上自然不错,但是凡事都是要人做的,没有充分的学力去运用,到底总是空架子说闹热的,我到了上海来就十分的觉得,这回我用了许大的魔力,才把学堂弄到住;因为家里清贫,处处望人帮助。如今总算成功了,也是我这一生的历史上大大的一件幸事。至于说到烟酒嫖赌,老早已离开了十万八千里了,我敢说:"年轻稳妥的我。"同齐那天收到你的信,也收到我的老人家的信,口气与你差不多。他说:"今年我家请了钟先生,来教我的两个侄儿。"我不知道这钟先生,有怎样的好坏,他也没有说明白,倒弄得我不好去铺排他。你以后看见我的老人家,请他不要挂念我。钟先生是怎样的人,怎样教人家,就请你长长的详详细细替我的老人家给个信来。我们现在年轻人,只要认清了前途,就是拚命也要去干,总希望有一个好结果,因为一个人只能活几十岁的命的原故。你的家里的情形,怎样布置一会小朋友,也不妨大家来商量讨论。你的回信来,请你写上海闸北青岛路上海大学刘剑华收就得了。头回我收到你内江那封信,非常的抱歉两三年不曾给你和我别地朋友通信来。当时我读过了你的信,就偶然写了一首绝诗,很想当下就给你寄来,让你笑笑,奈何你正在大战的海中,到那〔哪〕里来寻你?现在我把他〔它〕抄在这里,补补你从前的一笑吧!

寄叔

(日来接得选皋叔与余之信,曾云:"别来三载,只得余信□封。")

别来三载迄将过,鱼雁鲜通奈若何?莫道嵇生真懒慢,忧烦人世事偏多!

好！以后再谈了。祝你幸福！并祝你一家人都好！

＿＿＿＿＿＿＿＿＿＿＿＿＿＿＿＿＿炽　荣

八月十四号七月初三日晚

张太雷

张太雷(1899—1927),原名泰来,江苏常州人。1920年参加共产主义小组。历任中国共产主义青年团中央书记、中共两广区委常委、宣传部长、中共湖北省委书记和广东省委书记等职。1927年12月,参加并领导了广州起义,任广州苏维埃政府代理主席兼人民海陆军委员。12月12日在前往大北门指挥战斗途中,遭敌伏击,壮烈牺牲,时年28岁。

求学问是一种最快乐的事

（给妻子的信①）

我此次离家远游并没有什么□□,你们也不必对于我有所牵挂。我觉得现在我做事,总不能说可以长久。今天不知明天如何。这样心境不能安定,心境不安定是如何痛苦呵!我想最好能自己独立生活,不要人家能操纵我的生活。所以我立志要到外国去求一点高深学问,谋自己独立的生活。我先前本也有做官发财的心念。所以我想等明年去考高等文官

---

① 此信写于1921年1月。张太雷受中国共产党发起组的委托,赴苏联伊尔库茨克共产国际东方局任中国科书记。行前,他给妻子陆静华写了这封信。

考试；但是我现在觉悟：富贵是一种害人的东西。做了官，发了财，难保我的道德不坏。常常在官场中混，替〔与〕那些不好的人在一起，嫖赌娶妾的事情或不能免。倘若是这样了，非特我的身体、道德要坏，恐怕家里要受莫大的苦处。你也看见多少做官的发财的人们多嫖赌娶妾。倘若我做了官，发了财，我自己也不能保不替他们一样的做坏事。惟有求得高深的学问，即可以自己独立谋生，不要依靠他人，这样就用不着恐惧失去饭碗，心境自然也就安定，心境安定是寿长的最要紧的事。又可以保持我清洁的身体，高尚的道德，不致于像那些做官的发财的人一样嫖赌娶妾做坏事。我觉悟着做官发财替〔与〕福气是完全相反背的；因为做官发财的总是嫖赌娶妾的，就是不嫖，不赌，不妾，他们的心境亦决不会安定的，因为做了知县又想做知府，赚了二百块钱一日又想三百，他们的欲望决不会满足，欲望多的人决不会长寿和安乐的。所以我说做官发财决不是福气。真正的福气是心广体胖；心广体胖一定要心中无所忧虑，要不嫖不赌不娶妾。但是一个人要心中无所忧虑，先须得生计独立，就是说做事不要靠人家引荐，要人家来请，即使人家不来请亦能有饭吃。这样，只有有了高深学问才能够。一个人有了钱要不嫖不赌不娶妾是一件很难的事，因为这种不是能够用人可禁止的，必须使他能有别种快乐之事去代替这种坏的快乐事体。求学问是一种最快乐的事。在有学问的人看那嫖赌等多是痛苦而不是快乐，所以他们决不会去做那种事的。你看见多少真正读书的人（如你的爹爹）多是这样。所以我决计外国去游学求一点学问，将来可以享真正幸福。你也可以享真正的幸福，母亲也享真正幸福。但是我们现时不能不尝一点暂时离别的苦去换那种幸福。你情愿不情愿？我想你是一个明白人一定是情愿的，并且赞成的。

至于家中过日的问题,我于前两次的信中已经说过了。凡遇有金钱紧急的时候,尽可写信与北京彰仪门大街通才商业学校吴炳文及〈吉林〉哈尔滨道里特别地方审判厅张照德。他们是我的好朋友,他们允许帮助我。荟甄四叔处已有两封信去了。母亲尽可向他要,因为这款虽然是他家给我们的,但是我们要知道铜钱是天下共有的,真正讲起来,亦不是他们的亦不是我们的。所以尽可以向他要不必客气。就是要不着,我终设法使你们够用,因为这款只有现在可以借口问他要。家中用途不宜过省。每月用卅元却好。母亲年老亦应当吃好一点,穿好一点。你可劝劝母亲说不要过省,不然我在外如何安心呢?决计不要忧没有钱,吴南如等一定可以替你们想法子。如若再没有法子的时候,我也可以回来的,不过白走一趟罢了。

你可以趁这个时期中用一点功。你一定要进学堂的。所费亦不算多。你第一要选择你所最善〔擅〕长的功课,学习了可以使你独立。我想你学刺绣及图画一定是好的。刺绣要学那新式的刺绣,如绣花卉人物,山水之类。图画学了是最有乐趣的。再者图画与刺绣是有极大关系的,因为刺绣配颜色等一定要会图画的才会配得好。我想你于这两种课都是很善〔擅〕长的并且很欢喜的。这两样东西很有用处,你学好了这两样,你很可以自立了;那时你是一个独立的女子了。比较那种女子只做男子的附属品,要荣耀得多呵。你可以寻先生学习这两种功课,我想常州女学堂里一定有好先生。你不要怕费钱。要钱你可以对吴南如,张照德写信要。我现在正找报馆里的通信员之事,倘若找着了又可以有每月四五十元的进款。所以你们决计不要愁钱。除掉学习刺绣图画之外,你还要学一点普通常识,尤其对于如何教育子女,是要研究的。历史、地理、理科,是你应当懂一点的,国文只要多读新的白话文,可以多看小说如水浒、西游记、红楼梦等等。还要多看杂志与报纸。如妇女杂志小说月报,常州局前街新群书社多有卖。后吴家大媳妇进学堂亦是很好,只不知那个学堂里刺绣图画好不好。你不要拿我的话忘记了,我希望我回来的时候,我学得很好,你也学得很好,那时我们多快活呵,那时我们应大家互相庆祝了。我希望能如此!

我们现在离开是暂时的,是要想谋将来永远幸福,所以你我不必以为是一件可忧的事。我们应该在这时期中大家努力做,寻我们将来永远的幸福,这是一件何等快乐的事呵。我并没有一点忧愁,因为我有这个目的在心中,我希望你也能有同样的心思,一点不忧愁,只用心照我告诉你的用功去。母亲是很能看得开的,你再拿我这一番话说与母亲听,他老人家一定能不牵挂我的。你必要照我告诉你的做,我在外心才能安。我很感激你。我发誓我决不负你。你在家安心供养母亲,教育细蘋,自己照我的话用功。

我一路有信给你,到俄国后我时常有信家来,不要忧愁。家里有什么要紧事可写信与吴南如……

俞秀松

俞秀松(1899—1938),曾用名俞寿松,浙江诸暨人。1920年8月参加上海共产主义小组,后转为中国共产党党员。曾任上海社会主义青年团的第一任书记。1922年参加孙中山领导的讨伐陈炯明叛乱的战斗,任东路讨贼军总司令部参谋处一等书记。1925年去苏联东方大学、中山大学和列宁学院学习、任教。1935年被派到新疆工作,任新疆反帝总会秘书长、新疆学院院长。1937年12月,遭新疆军阀盛世才逮捕,1938年6月押往苏联,旋即遇害,时年39岁。

男要真正做人去了

(给父亲的信①)

父亲:

儿现在要做我自己的人,这事和儿前途有极大的关系,所以"不告就去报名"②。

现在打破家族制度的声浪,一天高似一天,家族制度,儿

---

① 此信约写于1919年冬。
② "不告就去报名":指参加革命活动。

是绝对主张打破的。但是打破家族制度,就丢弃父母而不顾养,这是儿个人万万不忍出此的。父亲,儿是最富感情也知自勉的人,父亲尽可不必忧虑。儿现在年纪二十一岁,求学还要依靠父母,这是最可羞耻的事。乔弟、钱弟①在家,不知勤俭,不知自立,不知改,真可以担心。儿居长行的地位,不能想出什么好的方法来劝导他们,来改造他们,使他们稍会觉悟一些。二十世纪是平民的世纪,是劳力劳心遂算是人,是各尽所能,各取所需才能生活,还要希望家长的遗产,坐而待食的人,不至饿死不会止呢!父亲,儿现在觉悟了!请父亲从此可以减轻负担了!母亲,儿请他万千放心,合家诸长,儿也请他们不要担心:男要正真〔真正〕做人去了!

儿寿松禀

我将必定要总报答我最可爱的人类

(给父母亲的信②)

父母亲:

十二月十六日寄来的信,于二十二日收到。军官讲习所大约不办了,因为广东现在内部非常纷乱,滇军桂军已集中肇庆,所以我们也积极准备进行,直驱羊城当非难事。我现在的职务是关于军事上的电报等事,对于军事知识很可得到。并且现在我自己正浏览各种军事书籍,将来也很足慰父亲的希望罢。父亲,我的志愿早已决定了:我之决志进军队是由于目

---

① 乔弟、钱弟:即俞寿乔、俞寿钱,俞秀松的大弟和二弟。
② 此信是俞秀松在东路讨贼军总司令部参谋处工作时,于1923年1月10日,从福州写给父母的。

睹各处工人被军阀无礼的压迫,我要救中国最大多数的劳苦群众,我不能不首先打倒劳苦群众的仇敌——其实是全中国人的仇敌——便是军阀。进军队学军事知识,就是打倒军阀的准备工作。这里面的同事大都抱着升官的目的,他们常常以此告人,再无别种抱负了!做官是现在人所最羡慕最希望的,其实做官是现在最容易的事,然而中国的国事便断送在这般人的手中!我将要率同我们最神圣最勇敢的赤卫军扫除这般祸国殃民的国妖!做官?我永不曾有这个念头!父亲也不致有这样希望我罢。

我现在的身体比到此的时候更好了,每天起居饮食比上海更有秩序而且安宁。我自己极快乐,我的身体这样康强,精神上也颇觉自慰。我是最重视身体的人,知道身体不好是人生一桩最苦楚的事,社会上什么事更不用说干了。这一点尽可请父亲母亲放心。

家中现在如何?我很记念。我所最挂心者还是这些弟妹不能个个受良好的教育,使好好一个人不能养成社会上有用的人——更想到比我弟妹的命运更不好的青年们,我不能不诅咒现在的社会制度杀人之残惨了!我在最近的将来恐还不能帮忙家中什么,这实在没法想呢。请你们暂且恕我,我将必定要总报答我最可爱的人类!我好,祝我父、母亲和一切都好!

秀松
中华民国十二年一月十日
于福州布司埕

张霁帆

张霁帆(1901—1926),四川宜宾人。1921年在四川泸州加入社会主义青年团。1924年加入中国共产党。先后在上海、南京、开封等地从事革命工作,曾任共青团河南省委书记等职。1926年6月途经徐州时,被军阀孙传芳逮捕,同年被毒死于南京小营陆军监狱,时年25岁。

我的行踪愈无一定

(给十哥的信①)

十哥:

　　此间战事期中,交通四塞,久不通信,现国民军②已被吴佩孚③部下赶走,交通略开。但战事仍在近处相持,国民军且有卷土重来之势。开封政局虽经此一番变革,但人民尚未受牺牲,与川中情形稍异。

　　我原拟新年中赴南京养病,惟因战争患难之际,不便弃人

---

① 此信是张霁帆于1926年正月19日写给堂兄张立如的。
② 国民军:冯玉祥在第二次直奉战争中,于1924年10月21日率部发动"北京政变",其所属部队改称"中华民国国民军"。冯玉祥任总司令兼第一军军长。
③ 吴佩孚:直系北洋军阀的首领。

而独就逸地,故竟未成行。现在政局尚毫无定势,所以我的行踪愈无一定,不过亦不出几天就可定了。现急于相告的,就是我原来那个通信地方靠不住了,以后来信都暂交上海竹贤转。

我病仍无转变,近因事稍多略剧,但少息又必减,盖此类病或愈或厉均非短时能转变也。只要局势稍定,仍将觅地少息。

此信阅后务速转付十三弟一阅,恐乡中又来信交此间也。

霁帆　正月十九日

龙大道

龙大道(1901—1931),又名康庄,贵州锦屏人,侗族。中国共产党党员。早年曾赴苏联学习。回国后参加了上海工人第三次武装起义。任上海总工会经济斗争部部长。1930年任上海总工会秘书长。翌年2月7日,被国民党秘密杀害于上海龙华。时年30岁。

殊为乡梓所念念也

(给父亲的信①)

父亲:
  五月十三号来谕今日(六月初十日)收到了。
  贵州天灾,此间报纸容或有所登载,但不过只几句抽象的形容字〔词〕罢了,事实究竟如何,尚未得闻,阅来谕所述其惨已不可言状,加之兵匪纵横更开从未有之奇祸,殊为乡梓所念念也!
  目下以全国而论何处不是刀火连天,留下老百姓坐吃苦头!家破人亡——徒为少数军阀争地盘之牺牲品!(遍地皆

---

① 此信1926年7月20日写于上海,寄往贵州三江茅坪的父亲。

是!)而全国军队中真正为国为民者严格说来可说没有!不过较以国以民(以民志)为主者仅广东之国民革命军与北方之国民军也,其余长江北方各大军阀不为卖国贼便为帝国主义之走狗,中国如是,贵州更不堪言。日来,广东北伐军已占长江,如能直趋武汉,则中国内乱或可以稍告段落,国民革命(打倒卖国军阀)始可有促成之希望。贵州问题也才可得一个相当的解决。不然,贵州军队仍屈于北方军阀吴佩孚利用之下,不说天灾,人祸将更一而再、再而三连续而至,老百姓只有一天蹈于水深火热境,其糜烂更不堪言。

儿累拟赴广东工作(无论军事政治)而上海乏人代理儿之职务,因是广东政府严电责儿不许离沪,只得又留此间,仍负上海总工会工人运动之组织与宣传工作,若北伐军能直趋武汉,则儿或可有调武汉与长沙间工作之可能,此不过系想象中事也。北伐军是否是直势如破竹之顺遂尚难预卜,放儿之他调与否尚须以时局为转移。

安镇上月又晤面,他现在上海大学中国文学系充特别生,下半年或可升为正式生。近颇肯攻书,出外来后,尚还老诚,唯外交才干薄新,尚欠处世经验!

眼镜待儿到眼镜公司去探问,应须何种后,再进其制就,大约月底可以寄来。

六叔如在三师军中,儿可直书去探寻——因为该军中有一政治部秘书长系儿同学(在俄),常与儿通信并促儿赴粤。

至哥处,儿以后想法与之通信息,暂由贵阳转亦可。

儿之婚由儿自主,事前事后如何,当详报,请勿为急!

祖母年来较之前两年如何?近来可仙健?!

邓恩铭

邓恩铭(1901—1931),又名邓恩明、黄伯云,贵州荔波人,水族。1920年在济南参加组织了马克思主义研究会,后发起建立共产主义小组。1921年7月,出席中国共产党第一次全国代表大会。历任中共青岛市委书记、山东省委书记等职。1928年冬因叛徒告密在济南被捕。1931年4月5日被杀害,时年30岁。

儿生性最憎恶的是名与利

(给父亲的信①)

父亲大人:

不写信又三个月了,知双亲一定挂念,但儿又何尝不惦念双亲呢。儿一向很好,想双亲及祖母……均安康如常?

儿生性与人不同,最憎恶的是名与利,故有负双亲之期望,但所志既如此,亦无可如何。再婚姻事已早将不能回去完婚之意直达王家,儿主张既定,决下更改,故同意与否,儿概不

---

① 此信于1925年5月8日写于淄川。当时邓恩铭正在去青岛途中,抽暇写下这封信,寄给远在贵州的父亲。

问,各行其是可也。三爷①与印寿②回南,儿本当同行,奈职务缠身,无法摆脱,故只好硬着心肠不回去。印寿如到荔,问他就知道儿一切情形了。儿明天回青岛,仍就原事。余后续禀,肃此敬请

福安　并叩

祖母　万福顺祝

阖家清吉

男　恩明谨禀

五月八日

回家事虽没定,

但亦不可告人。

---

① 三爷:邓恩铭的堂二叔。
② 印寿:即黄幼云,邓恩铭的堂弟。

何秉彝

何秉彝(1902—1925)，字念兹，四川彭县人，中国共产党党员。曾任共青团上海地委组织主任。1925年5月31日，为了抗议帝国主义杀害顾正红的暴行，带领学生在南京路举行反帝大示威，不幸遭帝国主义巡捕的枪杀，时年23岁。

男盼望你，以那真正的爱来爱男

（给父亲的信[①]）

父亲：

来谕收到了，跪读了！

谕内一般失意悲怨责斥……男的话，男读了过后，并没有对于你老人家绝对的反感。因为你老人家那番爱子之心，是出于自然的、至诚的，男是切实底知道的，盼望男成为你老人家那心目中的人：当国立的大学生，操脍炙人口科学；将来成为一个外国状元，做大官，发大财，显扬宗祖，夸跃〔耀〕一时，这都是你老人家的爱男，对于男的希望。男并不敢作什么反

[①] 此信于1924年写于上海。当时，何秉彝在上海边上学边从事革命活动，使其父亲深为不满和忧虑，曾写信规劝儿子要专心读书。

响！不过，父亲！你只知道有你，确把你这个男忘了！忘掉了男还是个人：有心脑，有个性，有主观，有志愿，有自由，有人格！只知道以自己的心脑，个性，主观和志愿，去希望人，支配人，使命人。父亲：这是不对的，——是绝对的不对！是夺去人的自由，坠〔堕〕落人的人格的！父亲，你是人们唯一的爱之神，你是爱男，望男好，男是深切的知道的，只是，你那个爱，是爱错了，不是真正的爱。要是真正的爱，就应当：不要夺去男的心脑，淹没男的个性，丢掉男的主观，蒙蔽男的志愿，归还男的自由，不强住男，事事都要苟同于你，这才是真正的爱男，理论上的爱男，增长男莫大的人格！父亲，男自有男在！男自男，父亲自父亲，旁人自旁人，我的学问如何？志愿如何？……怎能和你老人家，和人群苟同呢？况且，现在的一般人心是虚伪、势利、臭恶、坠〔堕〕落到极点了呢？父亲！男盼望你，是以那真正的爱来爱男，把男看成还是如你一样的一个人！

至于用钱一事，男并未曾妄用践踏一个；实在是省不能再省了，要用那些，即是前次的打电回来要，亦实在是进堂在即，要缴八十九元的学费，一个也不能少！

上大①还要一个礼拜才能开学，因为江浙战事的阻碍，同学还有许〔多〕没有来，并且廿五、六两号还要招一次生。母亲该没有吃药？玉芬玉琼两妹许她进堂读书没有？均弟在成都有没有信回来，还有如前那样的浑〔魂〕灵否？他怎么半年多了，连一封信都不写来？没有话说了！

再禀罢，跪请

望安！

男秉彝禀
八月二十四日

---

① 上大：即上海大学。

唐士谦

唐士谦(1902—1928),字寄凡,湖南醴陵人。1922年加入中国共产党。大革命时,从事农运工作,曾任醴陵县农协副委员长。1928年8月不幸被捕,在长沙英勇就义,时年26岁。

纵不为刀下鬼,又难免不为饿殍

(狱中给父母亲的信①)

双亲大人:

男于旧历七月初三日上午八时被三十五军捕获,现监禁在三十五军特务营(即从前的藩台衙门),性命决难望生。此次事件,在我之死,很觉痛快。当此时局纷扰,不死于此,则死于彼。加以生活日形困难,农村经济破坏到了极点;纵不为刀下鬼,又难免不为饿殍。达观之人,视死如归,并非偶然。不过,大人将男辛辛苦苦教养成人,望儿养老,在男不但不能报答于万一,反累及大人,于心实大不安,深望大人对于男此次之落难,须认为时势使然,男"自作之孽",不必悲痛。

---

① 此信是唐士谦就义前写给父母的。

现在更有几件事，恳请于大人者。（一）秋生①虽有生育，但年纪很轻，如果有意出嫁，不必拘泥，若长在我家终身，望大人特别看重，稍有差处，都请愿〔原〕谅。（二）大哥、波四、湖满以后令其各安本业，只要混得一碗饭吃，就算了，不必出外谋事，以免大人挂念。（三）秋生父及其弟②之死，原因在我，支儿③可否过为伊弟之义子？请大人一决。（四）我的尸体能收殓时则收殓，尤其不必拘泥于葬仪……等。

男　士谦　在狱跪禀
旧历七月初五日

---

① 秋生：唐士谦的妻子。
② 秋生父及其弟：即唐士谦的岳父及其妻弟。
③ 支儿：唐士谦的儿子。

申耀东

申耀东(1902—1944),河南确山人。1922年加入中国共产党。1927年在家乡从事农运工作,先后参加了确山农民暴动和刘店秋收起义。1929年任中共汝南、正阳、确山、信阳地区区委书记,后长期从事党的地下工作和统战工作。1944年4月,在确山县肖店遭日军袭击,不幸牺牲,时年42岁。

一切安乐只在抗战胜利后

(给妻子的信[①])

玉如妹[②]:

知道你在这里,慰甚!慰甚!

往事不可追,不可致怨,生活是实际的现实的。将来不可测,不可幻想,前途是演进的挣扎的。但挣扎是在现实的生活中表现着:挣扎要有方向,挣扎要有体魄,挣扎要有技能。愿你奋斗!愿你挣扎!

人云百年树人,我知终身树志。志在何方,终身见之;志

---

① 此信写于抗战时期,具体年月不详。
② 玉如妹:即王玉茹,申耀东的妻子。

在何事,终身行之;志可有节,困难试之;志可有价值,大评议之;志为立身之本,事业之本,人生要有意义,志在脑中不可须臾辞也。你的志向怎样,现在可有根基?

整个地球要变色的,现在荡动得正紧。而中国,而东亚,更是厉害。血腥、烟火、炮灰、死尸、饥饿、穷困、死亡、流浪、辞别,混沌了整个中国国土,搅乱了整个中国同胞脑汁。个人的安乐,家庭的安乐,如何能存在呢?一切安乐只在抗战胜利后。

你别忘掉我,你也别过分的想我,咱要各人安排着各人的工作,尽心做去,努力着抗战的胜利到来,咱们合家团聚,合家温存快活!

敬致
民族解放胜利礼．

兄耀东
四、五　下午

关向应

关向应(1902—1946)，原名关致祥，辽宁金县人，满族。1924年加入中国社会主义青年团，同年冬赴苏联学习。1925年在苏联加入中国共产党。1927年回国后，先后在中共河南省委和共青团中央组织部工作。1928年中共六大后，任共青团中央书记。1932年任中共湘鄂西中央分局委员、军委分会主席团委员、中国工农红军第三军政委。1934年10月任红二军团政委。1936年任红二方面军副政委，曾坚决抵制张国焘另立中央、分裂红军的错误行为。抗战爆发后，任八路军一二○师政委，晋西北军区、晋绥军区政委。在中共六大、七大上被选为中央委员。1946年7月21日病逝于延安，时年44岁。

侄现在已彻底的觉悟了

（给叔父的信[①]）

叔父尊前：

谕书敬读矣，寄家中的信之可疑耶？固不待言，在侄写信时已料及家中必为之疑异，怎奈以事所迫，不得不然呵。侄之

[①] 此信写于1924年冬关向应赴苏联学习的前夕。

入上海大学之事,乃系确实,至于经济问题,在未离连①以前,已归定矣,焉能一再冒昧?当侄之抵沪为五月中旬,六月一日校中即放暑假,况且侄之至沪,虽系读书,还有一半的工作,暑假之不能住宿舍耶,可明了矣。至于暑假所住之处,乃系一机关,尤其是秘密机关,故不能恣意往递信件,所谓住址未定,乃不得已耳。

至侄之一切行迹,叔父可知一二,故不赘述。在此暑假中,除工作外,百方谋画,使得官费赴俄,留学,此亦幸事耶。侄此次之去俄,意定六年②返国,在俄纯读书四年,以涵养学识之不足,余二年,则作实际练习,入赤俄军队中,实际练习军事学识。至不能绕道归家一视,此亦憾事,乃为系团体,同行者四五人,故不能如一人之自由也,遂同乘船车北上,及至奉天、哈尔滨……等处,必继续与家中去信,抵俄后若通信便利,当必时时报告状况,以释家中之念。

侄此次之出也!族中邻里之冷言嘲词,十六世纪以前的人,所不能免的。家中之忧愤,亦意中事,"儿行千里母担忧"之措词,形容父母之念儿女之情,至矣尽矣,非侄之不能领晤〔悟〕斯意,以慰父母之暮年,而享天伦之乐;奈国将不国,民将不民何!"天下兴亡,匹夫有责。"爱本斯义,愿终身奔波,竭能力于万一,救人民于屠〔涂〕炭牺牲家庭,拚死力与国际帝国主义者,相反抗,此侄□□所抱负,亦侄唯一之人生观也。

以上的话并非精神病者之言,久处于③〔()这一段不能明写,领会吧!〔)〕出外后之回想,真不堪言矣,周围的空气,俱

---

① 连:指大连。
② "意定六年":关向应计划在苏联求学六年,实际上仅两年即回国。
③ 原信此处抹去约22个字。

是侵略色彩黯淡而无光的,所见之一切事情,无异如坐井观天,最不堪言的事,叔父是知道的,就是:教育的黑暗,竟将我堂堂中华大好子弟,牺牲于无辜之下,言之痛心疾首!以上是根据侄所受之教育,来与内地人比较的观察,所发的慨语!叔父是久历教育界的,并深痛我乡教育之失败,也曾来内地视察过,当不至以侄言为过吧。

临了,还要敬告于

叔父之前者,即是:侄现在已彻底的觉悟了,然侄之所谓之觉悟,并不是消极的,是积极的,不是谈恋爱,讲浪漫主义的……,是有主义的,有革命精神的。肃此,并叩金安

侄向应禀
(改名向应)

成顺叔父尊前:

代看完交成羽叔父。肃此敬请

金安

侄向应禀

家中还恳请叔父婉转解释,以释念。

徐　玮

徐玮(1903—1928)，原名宝兴，江苏海门人。1923年在上海加入社会主义青年团。1924年加入中国共产党。1927年任共青团上海区委书记，上海工人第三次武装起义时，被选为上海特别市临时政府委员。同年9月，调任中共浙江省委常委兼共青团浙江省委书记。1927年11月初被捕。翌年5月3日就义于浙江陆军监狱，时年25岁。

人生莫不有死

（给家庭的遗书①）

我的家庭：

在我的血流尚未停止时，得有机会遗书于你们，这是一件差强人意的事。我要告诉你们的有下列几件事：（一）你们应当看我是社会进化的原动力，是无产阶级革命的战斗员，而不是一个家庭的子弟，更绝对不是孝顺的子弟。我一生尽力革命，未尝稍懈，对于你们既没有丝毫补助，又缺少经常关系，所

---

①　这封遗书是杭州学生联合会负责人陈敬森于1930年8月在杭州陆军监狱就义后，其弟陈敬德从其衣袋里发现的，过去曾一度疑为陈敬森遗书存于档案馆。1982年，浙江省党史资料征集工作者经多方考证，确定为徐玮留下的遗书。

以我死后你们不应视我为家庭的一份子而为我悲伤,你们应继续我志而奋斗。(二)我求学做事颇得友朋资助,债是我个人所借,当不能由你们代偿,我的友朋也不会索偿,请放心。(三)我并未有异性的结合,请免挂念。未婚妻俞女①与我概无关系,当听其自由。(四)我以天下为家,我的遗骸随处可放,由它腐败,不必运回,也不要化钱在杭营墓,这都是无意义的。(五)一切诵经拜忏道场祭奠等等无聊举动,为我所坚决反对者,当不宜有,即追悼会发讣文等等亦属无谓,不应举行。(六)我友周赞明②与我相知较深,大哥石弟③应与之来往,可以解决许多困难问题。(七)我现在心平如镜,并不痛苦,人生莫不有死,枪毙死得最痛快,况我死得有意义,请勿念。祝

　　康健!

九如④
一九二八年二月九日

---

① 未婚妻俞女:指俞玉琴。徐玮幼时由父母包办的婚配,他曾向女方提出过解除婚约,女方未接受。俞当时已年过二十五,尚守闺中。

② 周赞明:徐玮同乡好友。

③ 大哥石弟:徐玮兄弟三人,大哥徐宝康、弟徐宝石。

④ 九如:徐玮幼时乳名。

陈　觉

陈觉(1903—1928),原名陈炳祥,湖南醴陵人。1926年加入中国共产党。曾创建"社会问题研究社",并主办《前进》周刊。1925年被派往苏联中山大学学习,与同学赵云霄结婚。1927年9月两人同时回国,先后在东北、湖南从事革命活动。1928年9月,湖南省委机关遭破坏,赵云霄被捕。10月,由于叛徒告密,在常德一带坚持地下工作的陈觉也被捕,与妻子赵云霄同时关在长沙陆军监狱。1928年10月陈觉英勇就义,时年25岁。

我们的遗志自有未死的同志来完成

（就义前给妻子的遗书[①]）

云霄我的爱妻：

　　这是我给你的最后的信了,我即日便要处死了,你已有身,不可因我死而过于悲伤。他日无论生男或生女,我的父母会来扶养他的。我的作品以及我的衣物,你可以选择一些给

[①] 这是1928年10月10日,陈觉牺牲前写给仍在敌人监狱中的妻子赵云霄的遗书。

他留作纪念。

你也迟早不免于死,我已请求父亲把我俩合葬。以前我们都不相信有鬼,现在则惟愿有鬼。"在天愿为比翼鸟,在地愿为并蒂莲,夫妻恩爱永,世世缔良缘"。回忆我俩在苏联求学时,互相切磋,互相勉励,课余时闲谈琐事,共话桑麻,假期中或滑冰或避暑,或旅行或游历,形影相随。及去年返国后,你路过家门而不入,与我一路南下,共同工作。你在事业上学业上所给我的帮助,是比任何教师任何同志都要大的,尤其是前年我病本已病入膏肓,自度必为异国之鬼,而幸得你的殷勤看护,日夜不离,始得转危为安。那时若死,可说是轻于鸿毛,如今之死,则重于泰山了。

前日父亲来看我时还在设法营救我们,其诚是可感的,但我们宁愿玉碎却不愿瓦全。父母为我费了多少苦心才使我们成人,尤其我那慈爱的母亲,我当年是瞒了他出国的。我的妹妹时常写信告诉我,母亲天天为了惦念她的远在异国的爱儿而流泪,我现在也懊悔此次在家乡工作时竟不曾去见她老人家一面,到如今已是死生永别了。前日父亲来时我还活着,而他日来时只能看到他的爱儿的尸体了。我想起了我死后父母的悲伤,我也不觉流泪了。云!谁无父母,谁无儿女,谁无情人,我们正是为了救助全中国人民的父母和妻儿,所以牺牲了自己的一切。我们虽然是死了,但我们的遗志自有未死的同志来完成。"大丈夫不成功便成仁",死又何憾。此祝

健康　并问

王同志好

觉　手书

一九二八、一〇、一〇

王孝锡

王孝锡(1903—1928),字遂五,甘肃宁县人。1924年考入国立西北大学。1926年加入中国共产党。1927年受党组织派遣去兰州工作。在这期间,改选了中国共产党甘肃特别支部,王孝锡任特别支部组织部长。大革命失败后,王孝锡以党的西北特派员身份,回甘肃宁县,陕西长武、旬邑、彬县一带坚持斗争。同年秋,在宁县组织了中共彬宁支部,任支部书记。1928年春,他亲自领导并参加了旬邑农民暴动。暴动失败后,他又回到宁县开展地下活动。不幸于10月被捕,12月30日被杀害,时年25岁。

儿去也,莫牵连

(给父母亲的遗书)

纵有垂天翼,难脱今夜险。问苍天!何不行方便?驭飞云,驾慧船,搬我直到日月边。取来烈火千万炬,这黑暗世界,化作尘烟。出铁笼,看满腔热血,洒遍地北天南。

一夕风波路三千,把家园骨肉齐抛闪。自古英雄多患难,岂徒我今然。望爹娘,休把儿挂念,养玉体,度残年,尚有一兄三弟,足供欢颜,儿去也,莫牵连!!

李硕勋

　　李硕勋(1903—1931),又名李陶,四川高县人。中学时期参加五四运动。1923年进上海大学读书。1924年加入中国共产党。"五卅"惨案后被选为全国学联总会会长。1926年秋调任国民革命军第二十五师政治部主任。南昌起义后,任二十五师党代表。1928年到上海后,先后担任中共江苏省委秘书长,浙江省委组织部长等职。1931年调任红七军政委,后到香港任广东省委军委书记。同年7月,去琼州参加游击队军事会议到海口时因叛徒告密被捕,9月16日英勇就义。时年28岁。

死后勿为我过悲

(给妻子的遗书①)

陶②:

　　余在琼③已直认不讳,日内恐即将判决,余亦即将与你们

---

　　① 这封遗书是李硕勋就义前写的。书中所说"吾儿",即指国务院前总理的李鹏同志。
　　② 陶:李硕勋的妻子赵君陶。
　　③ 琼:海南岛。

长别,在前方,在后方,日死若干人,余亦其中之一耳。死后勿为我过悲,惟望善育吾儿,你宜设法送之返家中,你亦努力谋自立为要。死后尸总会收的,绝不许来,千嘱万嘱。

勋

九·十四

吴本德

吴本德(1903—1932),又名树滋,湖南长沙人。1923年毕业于长沙师范学校,同年加入中国共产党,后到武昌崇实秘密党校学习。1926年8月任中共湘阴县委第一任书记,后任长沙、平江、浏阳、湘阴四县工农武装总指挥。1931年到江西从事地下工作,1932年4月被捕牺牲,时年29岁。

我在此间工作很重

（给大哥的信①）

大哥：

你二月十三日发的信久已收到了。兹寄来的像片和宣传品也都收到了。因近来的事很忙,没有即刻回信,歉甚歉甚!

上月我写信回去要五妹进省投考长沙师范,并托肖幼云接应替他帮忙保他考取（因我有要事不能到省,托肖君帮忙）,即日接父亲来函,说他还没有进省,真是糟糕!

我在此间工作很重,因要指挥全县,所以对于你和家中的

---

① 此信是吴本德1927年任长沙四县工农武装总指挥期间写给大哥吴海筹的。

信,没有时常写着。

定报是我私人定,革命军日报是怎样定(订)的,请告我。从前我看见你的房里报很多,所以我写信来。

我的生活费实在太少,每月吃六块钱的伙食以外,还剩有多少?父亲问我有好多钱一月,要我付钱回去,至今还没有答复,因我实在不好答复。你要我请求加多些,我何尝没有请,但根本的是一个穷党,奈何!

五妹婚姻事,她能自己去找人更好,如没有相当的,替她介绍得她同意,又未免不可。至于我呢?以现在的生活而言,你是知道的,问我有爱人没有?答之曰没有。你要作介绍,她是什么人?叫做什么名字?因稻田女师的学生,我相识的很多,不妨告诉我,看我知道不知道。

我的字你认识否?我要去开会,不多说。

此致

革命敬礼!

逎斌兄处希代致意,并要他写信给我。

弟本德　3月1日

郑复他

郑复他(1904—1928),又名郑复泰,浙江诸暨人。1923年加入社会主义青年团,担任党办的上海书店和《向导》周刊的发行工作。1924年加入中国共产党。曾任全国总工会执委会常委、上海总工会委员长和赤色职工国际委员等职。1928年2月16日不幸被捕,6月1日被国民党杀害于上海龙华,时年24岁。

如儿者真不过沧海之一粟耳

(狱中给父亲的信)

父亲大人膝下:

前奉一信至今时隔三月未通音问,深知悬念之至。儿前寄一信与毓秀,想父亲亦已知之。儿自正月念①六日被捕,至今七十余日,在〔狱〕尚无苦楚,身子亦好,惟寻笔墨困难,不能写信。至于儿被捕原因,毓秀想能知之,此后是否得能释放,目前尚未知悉,惟有听之天命而已,望父亲弗以儿为念,善视小弟之长大成人可耳。儿本想将详细奉告,又感不便,在正月

---

① 念:廿的大写。廿,二十。念六日,即26日。

间已奉一函,想父亲亦能略知矣。在现在这种世界,人的生死,本来比鸡犬还不如,就算安居生存,也不过如牛马一般牢碌而已,生也何乐,死也何愁,如儿者真不过沧海之一粟耳,万一侥天之幸,得能释放,当详为父亲言之也,万望父亲弗过忧急,悲哀,致伤尊体,反增儿罪也!专此敬请
尊安

儿谨叩
四月卅日于狱中

沙文求

沙文求(1904—1928),浙江鄞县人。1925年入上海大学学习,参加过五卅运动,同年加入中国共产党。次年秋,赴广州中山大学学习,并担任共青团工作。1927年参加广州起义,担任少年先锋队总队长。起义失败后到香港,旋又潜回广州,坚持斗争,任中共广州市委委员兼市委秘书长。1928年8月牺牲于广州,时年24岁。

鹞子要是畏风,还能飞渡大海搏击鱼雁吗

(给道希的信①)

道希②:

来函收到可有三天了,前日动笔作复以诸事之纠缠不曾竟功,今天也不去继续了,还是另写一回畅快!

没有接到你这一次来信的前几天,我已经写好了一封信拟寄武昌,但因邮费无着不能不搁在抽屉中,等到你"跳到上海"的消息传来了,我才知道即使把前书已经付邮也是空劳。

---

① 此信写于1927年8月22日。当时正值"四·一二"反革命政变后不久,到处一片白色恐怖。
② 道希:即陈修良,沙文求的嫂子,广东大学时的同学。

你到上海了,去年今日你也是在上海。去年今日的上海和今年今日的上海不过是半斤八两,但是去年今日的你已不是今年今日的你了——你自己也承认的,出洋以后有多方面的进步。这一点是我为上海而惆怅,为你而庆幸的。

来书说我还希望在大学读书那句话不对。我记得很早已经对你申辩过了,为什么你还不曾明白我的意思?在我自省时,我还以为自己恐怕太轻视学校生活了,不过细想起来又觉得不至于。忠实地告诉你,我自出效实①后很相信自学要比进一个普通的大学有价值,只因有种种的掣肘所以不能毅然见诸实行。入"上大②"是哥哥重视社会偶象〔像〕的作用;进"中大③"是生活萎枯时的一种流转,只有投考复旦理科是自己严格决定的。那时的愿望是想由复旦转学"北大"去研究最渴望的理论物理学。请你不要笑!我对你说,我生平很想把人生求得一个美满的根本的解答。但是这又不能不先有一种正确的宇宙观,而宇宙观只能从科学的方面尤其是物理的方面去努力方能正确。我在中学时代,因生活中很多激刺心神常在一种激荡的状态中,所以虽然对于数理学有酷爱的性情也不能有殷勤的努力。所以我在中学毕业后,实际上,数理的根底很是薄弱。但是我那时的思想既如上述,同时又于社会科学毫无研究,同时又对于一般的漠视宇宙人生而役之于金钱生活的人们发生了强烈反感,因此分外使我坚信自己当时的思想而去实行。在复旦的半年可说是不顾"手足"之赤寒而作辛苦(精神方面的)之战争。这样忍心的苦战只是因为认科学(狭义的)为最不朽的学问而作"向太阳"之"飞"。这也算是我

---

① 指宁波效实中学。
② "上大":指上海大学。
③ "中大":即原来的广东大学。

根据理智而不肯苟且的努力，虽然在今思之，那时的认识事物是有很多的疏忽；但是我终是忠于理性并且与理性融而为一。并且，我现在还深信太阳是飞得到的。不过现在因有新增的认识因之志愿不能不受其影响。现在的志愿，与其直接飞向太阳毋宁先向火星。所谓新增的认识主要的，不消说，是社会的认识。在从前我只觉得认识社会的重要决不亚于认识宇宙的重要，但是不曾有认识；现在敢说有了相当的认识了。生活不过是应付事物的一种运动，如果事物能够认识得清楚，应付的方法就算不得什么大问题。现在"太阳"和"火星"，在大体上我已认识清楚了，因此我的应付方法，在大体上也决不至于错误。当我飞向"太阳"的时候，我觉得非借助于学校不可；当我飞向"火星"的时候，又觉得非脱离学校不可。飞向"火星"时之毫无踌躇地屏弃学校，只于拟向"太阳"时之忍痛苦争地走入学校，都无非为服从理智的判断，决不为世俗偶缘所籍囿。我自信如此，问道希能信我否？

（知，情，意之类的名词都是唯心的哲学家所最喜道的，但是我们在说明个性的时候采用之自有充分的价值，虽然我们不是唯心哲学的信徒。）

我早已，不只决心出洋，实行出洋了。但你赴柏林①，我赴康士坦丁堡，所以出洋期中的进步，即使你我的天资相等，我决不能和你相比拟，何况你的出发期又要早过于我。道希你老顺风！我祝你顺风！我想你也必定会祝我的顺风，可怜我恰不顺风！但是无妨，不顺风由它出洋由我。鹞子要是畏风，还能飞渡大海搏击鱼雁吗？！

啊！且休大意！要达到不畏风的目的毕竟要有御风的技

---

① 赴柏林：指去莫斯科。

俩才胜。在目前这样暴风雨之下究竟用怎样的技俩去御驶呢？

我不主张立时回浙。因为：(1)有许多有用的书籍不能不委弃(你的，我的，姜君的，张君的都有)；(2)又要向大哥索旅费，我从前已郑重对他说明以后不再拿钱；(3)有一部分乡〔亲〕是不能重见；(4)在回来后未必有多大的工作可干(这一点比较不重要)，不回乡有两条路，入伍和另找职业(自然他方面还要干些事)。在前周我本已决意入伍，但是现在这个主意不能不放弃，因为当局对于入伍生猜疑异常，前几天已彻底地缴了军械。所以现在的办法是在找职业。如果能够找到，最低限度要积聚一笔回沪的旅费；或者，工作能顺利时就向前赶去；或者，工作不甚顺利也就暂留此间看些书，看以后局面如何再立主意。目前我新的职业还未找到，仍在康矛中学当教职。近数日来我们是分专责教授固定的部分，不像从前互相通融。

文求　八，廿二

要以百倍的勇气去抗争不幸

（给五弟的信①）

五弟②：

若是家况还不很凄楚，我尚望你去西张一探我的朋友正夫和四弟。你在这一次旅程中可以去体念〔验〕人生的苦乐的

---

① 此信于1928年6月写于广州。
② 五弟：即沙季同，共青团员，曾参加奉化农民运动。

意味,促起你的未来的努力的勇气。

你入得成劳动学院①吗?到那面去是好的,必能使你的生活更加切实。

现你的努力从第一次起已经过几次的振作?这种勇气维持好久?现在是不是还有余勇?在我的意料中,现在你的心里或许仍然有多余的勇气,恐怕在实行上已是消沉得很了。在暑期临头学校放假的现在,天气又是炎热得很,我很想你的努力必然的要消沉一下。在这夏季中我告你两件紧要的事情:(一)不要留恋夏夜放弃夏季的早晨。(二)流汗读书做文可以却热。这却热二字并不是空话,我在杭州时实在得了这个经验。只要你静心试去,自然不会错的。

你要我送书,但是现在经济的来源非常缺乏,连买信封邮票的钱都很困难,要买书给你真是难得很吓。

济南事件②及于上海的影响如何?中国,只有像你和我被社会挤在幸福以外的人能够担负得起改造的责任,尽管社会是这样幽沉,家庭是这样悲惨,你可硬着心肠不去理会,镇定地努力向前,别要受其同化,尚武炼体,虽然得不到一剑,一场,一书,一教师,你要刻苦自振,在这中间去磨砺你的志气。虽然在智慧的训练上受不到社会的教育,你要以百倍的勇气去抗争这个不幸,在一切技术的刻苦练习中去激励你的精神的意志,在这个坚强的意志之下去增进各种的技能。

兄　求
六月九日

---

① 劳动学院:当时上海的一所进步学校。
② 济南事件:即济南惨案,也叫五三惨案。1928年5月3日,日军大举进攻济南,屠杀中国军民达六千余人。

史砚芬

史砚芬(1904—1928),又名史久馨,江苏宜兴县人。1927年加入社会主义青年团。不久,任共青团宜兴县委书记。"八·七"会议后,参与组织领导宜兴农民暴动,当选为革命委员会委员。1928年调任共青团南京市委书记。同年5月不幸被捕。9月27日在南京雨花台英勇就义,时年24岁。

觉得心中有许多话要说,却一句也想不起来

(狱中给妹妹弟弟的信[①])

我最亲爱的妹妹弟弟:

这封信到你们手里又要你们流泪了。

哭吧!你们就尽量的哭吧!把你们纯洁的泪珠来洗尽这张纸上的悲哀,荡净这张纸上的苦痛吧!

我觉得心中有许多话要和你们说,但是一句也想不起来,至于一切经过的详情,也请汉清哥代达吧!

你们下学期预备怎样?我本有和你们策划的义务,但是

[①] 这两封信于1928年9月写于临刑前。史砚芬就义后,家属收殓尸体时,从内衣口袋里发现的。

筹思兼旬依旧一筹莫展。听说永保弟在家,你们有什么疑难的事就去请问他,他一定可以设法的。

我大致不久就要拨监,究竟判多少年还不得而知。你们替我过冬的衣服被褥制备了给便人带来。不讲了,以后再找机会面谈吧!

祝你们
平安!

你的哥哥砚芬

我的死是为着社会、国家和人类

(给弟弟妹妹的诀别信)

亲爱的弟弟妹妹:

我今与你们永诀了。

我的死是为着社会、国家和人类,是光荣的,是必要的。我死后,有我千万同志,他们能踏着我的血迹奋斗前进,我们的革命事业必底于成,故我虽死犹存。我的肉体被反动派毁去了,我的自由的革命的灵魂是永远不会被任何反动者所毁伤!我的不昧的灵魂必时常随着你们,照护你们和我的未死的同志,请你们不要因丧兄而悲吧!

妹妹,你年长些,从此以后你是家长了,身兼父母兄长的重大责任。我本不应当把这重大的担子放在你身上,抛弃你们,但为着大我不能不对你们忍心些,我相信你们在痛哭之余,必能谅察我的苦衷而原谅我。

弟弟,你年小些,你待姊应如待父母兄长一样,遇事要和她商量,听她指导。家里十余亩田作为你俩生活及教育费。

因我死以后,不要治丧,因为这是浪费的。以后你能继我志愿,乃我门第之光,我必含笑九泉,看你成功。不能继我志愿,则万不能与国民党的腐败份子同流。

现在我的心很镇静,但不愿多谈多写。虽有千言万语要嘱咐你们,但始终无法写出。

好,弟妹,今生就这样与你们作结了!

你们的大哥砚芬嘱

陈毅安

陈毅安(1904—1930)，湖南湘阴人。1922年加入社会主义青年团。1924年加入中国共产党。1926年毕业于黄埔军校第四期军官班。后参加北伐战争。曾任国民革命军第二军教导师三团三营七连连长和党代表、国民政府警卫团辎重队队长兼供给局主任等职。1927年大革命失败后，参加秋收起义，进军井冈山。曾任工农革命军第一师第一团第一营副营长、营长、红四军三十一团副团长、红五军副参谋长、红四师师长、红三军团第八军第一纵队司令员等职。1930年8月7日，在长沙战斗中壮烈牺牲。时年26岁。

革命党员先要革自己的命

（给妻子的信[1]〔一〕）

志强[2]吾爱惠鉴：

接到了你的信，我的灵魂安慰极了，几日间的怀疑，都冰消瓦释。并使我爱你的心头成了一种不可思议不可形容的

---

[1] 此信于1927年正月写于广东韶关。
[2] 志强：即李志强，陈毅安的妻子。

状态。

我自来到广东,已有一载有奇了。我的言语我的行动,都是革命的,都是光明的。不独不打牌不喝酒,而纸烟都不吸的。至于不道德的行为,可说绝对的没有,尤其现在担任党代表的工作,要为人家的模范,要去指导人家,一举一动都得特别的留心。革命党员先要革自己的命,然后可以把人家革命化。我不是一个糊涂虫,不是一个怪物,当然不要你来操心。不过你的规劝,你的批评,我是十二分的诚意欢迎而接受的。不受规劝和批评的人,可以说不是一个革命党员了。

你说我们不要为个人的愉快,而要为一般受痛苦的着想。这话我非常的钦佩,希望你在实际的行动中表现出来。我们的地位可以说是一个小资产阶级,虽就〔然〕受了许多的压迫,仍就〔旧〕是带了许多小资产阶级的性质,甚至还有资产阶级的行动。我们即〔既〕明了世界的潮流,有了阶级觉悟,我们的行动言语就要无产阶级化,就要做一个为无产阶级的利益而奋斗的革命党员。这不过是将你所发表的意思补充一下,有不当之处,请不客气的批评。

你说你同你的同学发生冲突,这事我说你也有一点不当处。你在这次事实当中,要去寻找你应得的教训。她们不是一个反革命,她们都是你的朋友。对于反革命当然是不客气的,不姑息的,以革命的手段对待她。她们即〔既〕是你的朋友,就要指导她们,规劝她们,使她们也走上革命的大道。这样如不发生效力,就要用旁的方法去刺激她们,使她们知道不正当的事情,是做不得的。你要指出她们的黑暗,因为她们羞耻的关系,所以她们就不顾一切,要起来暴动了。尤其你不应该打她们,这是你的大错误,我们当了一个革命的党员,就要知道做革命工作的方法。我们要看于〔如〕何使得革命工作顺利,处处要对〔从〕革命观点上着想,这点我是希望你特别努力的。

  我生日那天,我连兵士送了许多的礼物,我的朋友也是一样,我用去了几十块钱。我负了一身的债,过阳历年的时候,我奖了兵士拾元,生日奖一拾五元,以及应酬等项用去了几十元,我真是没有办法。我对士兵做工作是很顺利的,如严师又如慈母,这事也是不要你操心的。我本来想到广州去游玩一下,因为要在韶州工作,不能推闲一点,我营有两连开到了马坝,我连开差到始兴县去了,在两三天内就可以返韶州,将来是否也要开到马坝,现在还不能逆料,看将来如何,当有函告,来信请仍由常兄转罢。

  我最亲爱的妹妹!我的心灵,我不知道要对你说些什么话!我不知道要如何安慰你?!唉!你不要挂念我!你自己珍重罢!此复。顺祝

革命敬礼!

毅安草复
正月十八日

我们难道恋恋于儿女的深情吗?

(给妻子的信①〔二〕)

我最亲爱的承赤妹②:

  心如刀割的我,今日安抵衡州了。轮船中的生活,我来叙

---

① 此信是陈毅安于1927年4月在国民革命军进军途中写给未婚妻李志强的。

② 承赤妹:即李志强。

述一下,想你所过的生活虽然不同,而你的心也必有同情之感,因为人类是有感情的动物,而况如花初放的我们吗〔呢〕。

我怕听流水澎湃的怒潮声,也怕看船头晶晶似的明月,更怕听旅客中谈论青春年少的乐趣,生别离的悲哀。有时请伴侣唱戏以作乐,但无从欢乐起。有时暗自悲伤,又恐怕他人笑我没有革命的勇气而不敢流泪。总而言之,这几天我非常烦闷。此种情况非笔墨所能形容了。唉!情魔,情魔!你把我们的革命性销磨了。我们是有阶级觉悟性的青年,担负了世界革命的重大使命,我们难道恋恋于儿女的深情吗?没有一点牺牲的精神吗?我们绝对不是这样,我们都是受了马克思主义深刻的训练的,他早已告诉了我们:资产阶级已将家庭的面拍扯碎了,家族关系变成了单纯的金钱关系,儿女的深情早已在利害计较的冰水中淹死了。在私有制度未打破以前,一切关系都是经济的关系。我们虽有许多恋爱的关系,但是离不掉这个刻薄忧情的现金主义的社会。事实上告诉了我们,假若我在长沙伴着你,我的宝贝,我的心爱,拥抱着你,给你几个甜蜜的KISS,快虽快乐,但生活马上发生问题。你来韶州吗?工作虽有做,经济不至发生问题。但青春年少的我们,在一起也不大很好,卿卿我我,我永远爱你,你永远爱我,弄个不得清白,一定会把革命工作抛弃了。我们不独对不起自己,也对不起党,并且,党,他也不许可我们有怠工的现象。而况关山千里,交通不便,一旦军队开动,困难问题又临头了。思前想后,除了我们努力革命,再找不出别的出路。把一切旧势力铲除,建设我们新的社会。这个时候,才能实现我们真正的恋爱,才不是经济的关系了。最亲爱的妹妹,你不要畏难吧!十八层地狱底下的中国,今日也得见青天白日了。眼见得帝国主义军阀及一切反动势力快要到坟墓里面去。一钱不值的我们,也要做起天下的主人了。努力!努力!前进!前进!我们的目的地终会达到啊!

最亲爱的妹妹,我知道你是舍不得离开我的,也知道你是很难过的,但是受革命驱使的我们,说不得这样多了,也是实在没有办法,我希望我们的军队开至前方,不开至前方在八、九月也要回来同你见一面啊!或者我们的问题在那时也可设法来解决,你安心吧。你不要时常念着我,你去努力革命工作,你才是真正的爱我,至于我咧,我是永远爱你的,我的行动,可以说是党的行动。我不是自己吹牛,你看我纸烟都不吸了,我的恶习可以说是铲除了的,这也不要你操心。我的头痛了,不能多写,以后再说吧!就此少陪。顺祝革命敬礼!

毅启四、十、于衡州舟次

赵一曼

赵一曼（1905—1936），女，原名李坤泰，四川宜宾人。1923年加入社会主义青年团。1926年加入中国共产党。在上海、江西等地做秘密工作。1927年秋，受党派遣去苏联中山大学学习。1928年冬回国。1931年"九·一八"事变后，党派她到东北工作。曾任哈尔滨总工会代理书记、珠河中心县委特派员和铁道北区区委书记等职。1935年任东北人民革命军第三军二团政委。同年11月在与日军作战中负伤，不幸被捕。翌年8月2日英勇就义，时年31岁。

赶快成人，来安慰你地下的母亲

（就义前给儿子的遗书）

宁儿：

　　母亲对于你没有能尽到教育的责任，实在是遗憾的事情。

　　母亲因为坚决地做了反满抗日的斗争，今天已经到了牺牲的前夕了。

　　母亲和你在生前是永久没有再见的机会了。希望你，宁儿啊！赶快成人，来安慰你地下的母亲！我最亲爱的孩子啊！母亲不用千言万语来教育你，就用实行来教育你。

在你长大成人之后,希望不要忘记你的母亲是为国而牺牲的!

一九三六年八月二日
你的母亲赵一曼于车中

杜永瘦

杜永瘦(1906—1928),原名永寿,化名张一夫,湖北荆门人。1925年加入中国共产党。"五卅"惨案后,他进入黄埔军校第四期学习,后参加北伐。1927年到武汉,任学员兵团政治指导员。大革命失败后,转入地下工作,任中共湖北省军委秘书、鄂西特派员等职。1928年因叛徒出卖被捕入狱,同年3月英勇就义,时年22岁。

人世上多的是革命的伴侣

(就义前给妻子的信①)

文妹②:

这是最后的谈话了!我在写这封信的时候,我含着满眶的热泪,可是这宝贵的泪珠,我不愿意使他夺眶而出,因为我觉得流泪是一件极可耻的事,所以我始终是含笑着,文妹!请你用笑来答复我吧!

---

① 这封信是杜永瘦牺牲前写好后,托人带出监狱转给他的妻子。当时他的妻子正因临产住在医院里。
② 文妹:即裴韵文,杜永瘦的妻子。

我的命运的决定，不是在今日的堂讯，而是在 X① 时，我对于我自己命运的估量，亦早知有今日。我不是时常对你说过吗？这就是乐园，是我最后的归宿，光荣的死。我含笑，我更望你含笑。我快乐，我愿你比我更快乐！文妹，欢忻鼓舞的来欢送我吧！

　　你觉得太孤寂吗？人世上多的是革命的伴侣！你悲苦吗？人世上多的是寡妇孤儿！时代的牺牲者多着呢！

　　你的前途应当是"干"！你的责任应当是"干"！你的命运更使你不得不"干"！干呵！只有干才是你的出路——人类的出路！勉之！

　　你的一切，我都相信得过，然而你的痴情，我觉得是你前途的障碍，快乐的恶魔！不要痴想着我吧！

　　母亲的爱我，恐怕比你还要利害吧！她孤苦一身，只剩我这个活宝贝，现在失掉了！是何等的伤感呵！你应当设法隐瞒她，混得一时是一时，这是你主要的责任。别的话不愿说而且不忍说，你自己去想吧！

　　我觉得我现在已是一个很清闲的人，身上千斤的担子，已经卸了！快乐呵！我的许多朋友，你应当告知他们我是怎样怎样的快乐，叫他们不要悲悼！

　　我万没有料到今天还能与你作最后的通信，这封书是如何的宝贵呀！然而我不愿意你保存这一点墨迹，使你烦恼终身，我愿你如看浮云般的一眼便过，文！听我的话呀！

　　几乎忘却了！还有我的小宝宝——我们爱的结晶，可怜他未出娘胎先失掉了父亲，无父之儿，将来谁人关照！我的意见是弃掉了，以免你的拖累，你自己斟酌行事吧！不说了！

---

① X：数学中未知数的代号，此意是不知什么时候，随时都会牺牲。

母亲！文妹！小宝宝！一切的朋友们！别了！明晨拍拍的枪声,是我们最后一刹那诀别的标志！听着吧！再见！

S[①]

一九二八年三月二十七日

[①] S:杜永瘦的代号。

沈志昂

沈志昂(1906—1928),又名益丰,字驹若,上海奉贤人。1925年加入中国共产党。翌年,赴黄埔军校武汉分校学习。1927年参加广州起义,后在海陆丰坚持武装斗争。曾任中国工农红军第四师三团四连连长。1928年9月,在广东陆丰县碣石溪牺牲,时年22岁。

我的身体不是我自己的,是公众的

(给妻子的信①)

我亲爱的玩璆姊姊②:

在蝉声振耳的时候,那流浪的孤鸟,还没有归巢了,引起了闲人奇异吗!

是的,情感的动物——人类——处处的生活,都感觉到心灵的反射;无论柔弱者也有时的刚强,刚强者也有时的柔弱。人类的性情和能力,决不能一眼看煞的啊!虽若十二分无用的人,倒是一旦反抗起来,无法取理的;不过情感之力,还超过

---

① 此信写于1926年7月4日。
② 玩璆姊姊:即汤瑾,沈志昂的妻子。

理智，把理性的毅力压服了。但是，人类究竟除了情感以外，还是有理性的。苟其情感不能压服理智，而理智马上反抗起来，这也是很普通之理。如弄皮球一样，抚抚弄弄，皮球很和善的混来混去，但是用了力一拍，马上跳起来。由是可晓得，凡是要顺从自己的欲望，对于所望者，一定要温和慈善的手段，神秘的训练，感化他，用压迫的手段，终免不了要起反抗的。所谓"杀人者，人杀之；害人者，人害之"。譬如父对于子，父不用慈爱的心对之，必有不孝之子起来反抗。夫对于妇，不是互相亲爱而以压制之手段，妇虽被礼教束缚，也要有打破旧礼教的反抗。满清压制中国，专制了二百多年，然而也有武昌起义，推翻满清。军阀压制农民，也有红枪会起来反抗。学校当局压迫学生，近年学生起来学潮闹得多少利害。国际的资本家压迫无产阶级，而今有国际的无产阶级联合起来打倒国际的资产阶级。所以压迫是压迫不料〔了〕的，压迫愈厉害，反抗力也愈大，物理学上有一定律说："压力愈大，反抗力随之而也大。"所以要制服人，决〔非〕可以压迫可以服的。古谚说得好，"以力服人，非心服也，以德服人，乃心服也。"这是可为野心家之诫。我是受过种种压迫的人，什么经济的压迫，军阀的压迫，旧礼教的压迫……压迫的种种滋味，已尝周到了，不过从前虽受了压迫，但未觉悟到，未知道到，所以还是糊糊涂涂地莫明其妙的过去，人家看来真真个好孩子，其实真真笨虫。但是，现在醒了，人类的理性，因之而勃发，与种种的压迫者，都要一个一个的反抗起来，情感已是打破了。

虽然人是情感的动物，也是理智的动物。我近来觉到凡是〔事〕不能先讲情感而后讲理智的。先讲情感而〔后〕讲理智者，其所得的理智必不准确的，而其情感必不神圣的，亦不愉快的。先讲理智而后讲情感，这的结果是起于真正的理智，而得的真正的情感，双方确是真是神圣的。所以我近来的主张，是先讲理智而后讲情感的，苟其理智讲不通，那么无情感的可讲，情愿把情感牺牲，不情愿把真正的理智牺牲而得的是假的情感——心面不和的情感——因此而论到中国的状况，现在的中国，是受国际帝国主义者蹂躏了如此地步，军阀之压迫人民，学阀之压迫学生，资本家压迫无产阶级，旧礼教的压迫男女青年，旧家庭陷害子女，种种地目不忍睹的惨状，使我时时心惊肉跳，因之在黑暗之中求光明的地方，不得不起来革命，革帝国主义之命，革军阀的命，革学阀的命，革资产阶级的命，革家庭的命，革一切的命，求国家之光明，求社会之光明，求无产阶级之光明，求男女青年之光明，这种应该革命，是我的理智了。因之合我的理智的——就是赞成革命者——我就和他发生情感，不合我理智者，就是从前有情感的，也因之而消灭。这是我已锻炼至极坚的意志。

当然，革命是要牺牲的，倘使要个人做官发财而革命，那不是真真地革命，乃是反革命。这类人就是国民党右派，国家主义派，我绝对反对的。我们应该以群众利益为自己利益，以群众生命为自己生命，为主义而生，为主义而死，一个铁石的青年人革命家。我前尝对你说："我是为社会上谋幸福的一个人。"我的身体不是我自己的，是公众的，倘使为公众利益而要我身体死的时候——但是精神终不会死——我当不辞的，向前走。牺牲了我个人，得到群众的利益，我的做的。

我的话只可以对你说，因为你受我宣传的，对别人说，非但不肯听我的话，并且还要说我痴了，其实我没有痴，我比他们明白好几百倍了，他们还糊糊涂涂吃了黄连还不知苦，我也并不是天生如此，实在被环境压迫到如此，使我不得不起来反抗。苟其我是帝国主义者之中一个，我那是也不会如此，也是一个很反动的压迫人者。这是完全环境造成者,但是也不能说只有我一个是这样,如我同样者,不知其多少了,在中国起码有五十万罢。

我们的势力很大,不但在中国有这样多的人,在各国也有这样多的人,你看近日报上载有唐生智攻进长沙,蒋介石誓师北伐,我们的胜利指日而可待了。我们还有什么怕呢?你看见吗?天时帮助我们,发了大水,使我们顺水而下,直取长沙,我们的军士,勇敢的杀!杀!杀!死许多敌人,满枪满刀满衣的鲜血,都是我们的军士为国民争利益的工作,灿烂的国旗党旗,照耀于青天白日之下①,对面的敌人战栗地畏怕,我们的民众唱起来"打倒列强!打倒列强!除军阀!除军阀!国民革命成功!国民革命成功!齐欢唱!齐欢唱!"那时也觉醒了,我不是痴了,确是为民众争利益的一个革命青年。

听呀!革命军队的号子,大等〔声〕地吹起来了。革命的青年军人,勇敢的跑拢来了。排队开步走的向战场去杀敌去。革命的军人个个雄赳赳地向前,没有一个畏惧的退后来。因为他们都知道负救众民的使命,所以用尽万分气力去杀杀杀敌。在一刹那间,血肉横流,敌人都被革命军人杀死了。革命的军人满身满刀满枪满衣的血迹,向前追赶,把国内的军阀个个杀死,国外的帝国主义者个个心碎胆裂,中国民气未死了。中国兴起来了。他们也不敢再用哀的美敦书,不平等条约来压制我们了。无产阶级的国民也不再受资产阶级压迫了。全国的光明冲〔充〕满天地间!革命的军士何等荣耀,革命的军士功何等大,但是革命的军人责任何等重!努力的前进,杀完

---

① 灿烂的国旗,照耀于青天白日之下:当时处于国共合作为主要形式的革命统一战线阶段,因此这里提到的国旗党旗都是以国民党为标志。

了敌人然后罢,救出民众于火坑之中而后责尽。于是解了血甲,放弃枪炮,沐浴了身体,回到家乡,满脸得意的笑容,和最亲爱的爱人,深深地拥抱了接吻!

亲爱的玩璆,我的心被热血冲动了!我的路已向前去了!落后的你,我不得不回转头来,拉了你一同走罢!革命之路,已满路光明了!亲爱的玩璆,起来罢!不要再流泪而呻吟了!只流泪呻吟,没有用的。环境决不因你流泪呻吟而就好了,一定要用万分的勇敢起来!和万恶的环境宣战,而后有打破的希望。

亲爱的玩璆,人生的兴趣,是用感情来培养的,在冷酷的地方,你当然要我回来,我也如你一样的。在清晨起来,看了报,得到什么消息好坏,与我兴〔心〕里的喜快同时相和起来。但天天靠近先施公司,新新公司,永安公司,这样华丽的东西,三人二人成群的争先夺前的进去,满载的买了归,但是无钱的我,走过了这一段金钱万能的地方,两眼只是空空地望望罢了!锣鼓敲得这样忙,满面涂着红粉白粉的卖身女子,站在台上,伊哇的戏骗游客心里,这种声音震聋了我的耳鼓,玩璆,我从来不喜看这种卖身的戏剧,所以天天听到这种声音,使〔便〕厌恶极了。我在乡间,听暑蝉的声音,天然的风景,在竹荫下,和你谈谈,那时何等乐意呢?所以我决于日内,要回来了,但是日期还没有决定。

玩璆姊姊,前头我走的时候,棉花方种,稻苗未出水,有些黄麦未割,可是现在田间正是青青了!耘稻锄草的工夫谅很忙吗?我谅你这几天天天在田间做工作,满面汗,满红脸,一步一步在很凶的太阳之下来往来往,但是得到的报酬有多少!

很杂乱的话,怎能尽纸张写!我俩的心给昨天霹雳的电打在一块了,我俩的身体由分离,而又聚拢来了,自然之爱神,正在我俩头上歌颂:"漂流的神鸟,南一只,北一只,南北之大洋,起了大风大雨,把迷途之神鸟,仍送他俩集一块罢!他们的光辉,再振起来,他们爱心,再合起来,然后放出了温日和风微微地吹荡,光明之将来,永远留扬,哟!去罢,来罢!飞翔起来,飞到了青云,唱起和谐的歌来"!

志昂
六月初六日五时

赵云霄

赵云霄(1906—1929),女,河北阜平人。1925年加入中国共产党。同年赴苏联中山大学学习,后与同学陈觉结婚。1927年回国,同陈觉一起在东北、湖南等地做党的秘密工作。1928年9月,中共湖南省委遭受破坏,赵云霄不幸被捕。1929年3月在长沙英勇就义,时年23岁。

你的父母是个共产党员

(给女儿的遗书①)

启明②我的小宝贝:

启明是我们在牢中生了你的时候为你起的名字,这个名字是很有意义的。因为有了你才四个月的时候,你的母亲便被湖南清乡督办署捕于陆军监狱署来了。当时你的母亲本来立时死的罪,可是因为有了你的关系,被督办署检查了四五次,方检查出来是有了你!所以为你起了个名字叫启明(与你同样同生一个叫启蒙)。小宝宝:你是民国十八年正月初二日

---

① 此信是赵云霄写于其丈夫陈觉被害后的第五个月,即她本人就义的前两天。当时她的女儿才出世一个多月。

② 启明:陈觉与赵云霄的女儿,四岁多时夭折。

生的,但你的母亲在你才有一月有十几天的时候便与你永别了。小宝宝你是个不幸者,生来不知生父是什么样,更不知生母是如何人！小宝宝你的母亲不能扶养你了,不能不把你交与你的祖父母来养你,你不必恨我！而恨当时的环境！

小宝宝,我很明白的告诉你,你的父母是个共产党员,且到俄国读过书。(所以才处我们的死刑。)你的父亲是死于民国十七年阳历十月十四日,即古历九月初四日。你的母亲是死于民国十八年阳历三月二十六日,即古历二月十六日。小宝贝,你的父母你是再不能看到,而〔且〕也没有像片给你,你的母亲所给你的记〔纪〕念只有像片和衣物,及一金戒指,你可作一生的唯一的记〔纪〕念品！

小宝宝我不能扶〔抚〕育你长大,希望你长大时好好的读书,且要知道你的父母是怎样死的。我的启明,我的宝宝,当我死的时候你还在牢中。你是个不幸者,你是个世界上的不幸〔者〕！更是无父母的可怜者。小明明,有你父亲在牢中给我的信及作品。你要好好的保存！小宝宝,你的母亲不能多说了。血泪而成。你的外祖母家在北方,河北省阜平县。你的母亲姓赵。你可记着,你的母亲是二十三岁上死的。小宝宝望你好好长大成人,且好好读书,才不负你父母的期望。可怜的小宝贝,我的小宝宝！

你的母亲于长沙陆军监狱署
泪涕三月二十四日

袁国平

袁国平（1906—1941），化名醉涵，湖南邵东人。1925年加入中国共产党。参加过北伐战争、南昌起义。在广州起义中任中国工农革命军第四师师委委员和师党代表。起义失败后调上海，后进入中央苏区，任中国工农红军第三军团政治部主任。参加了长征。抗日战争爆发后，一度任陇东特委书记。1938年任新四军政治部主任。1941年1月在国民党制造的皖南事变突围时牺牲，时年35岁。

世界上应该有一些像我们这种不聪明的人

（给侄子的信）

振鹏贤侄如见：

廿四来信收到，知家中甚安，你的学业进步，甚为慰藉。敌自攻陷粤汉后，劝和诱降失败，速战速决无望，几经周折始决定继续挣扎，企图攻我西北截断中苏交通，窥伺西南威胁滇越铁路乃至滇缅公路，其目的在断绝中国之一切外援，但是敌人这种企图是不易实现的，因为敌愈深入愈困难，兵力分散，交通延长，后方空虚，地形不利，而我则前有正规军顽抗，后有游击队积极行动，前后夹击，必使敌人之泥足越陷越深。你应该告诉家里,中国抗战前途很好,最后定可战胜日本,只不过要经过一个长期的艰苦奋斗。

我因亲临南京、江宁、镇江、丹阳、芜湖一带最前线视察过一次,费时约两月,故此不能与家中多通讯,以后当于百忙中,时常写信来。

前方并不危险,请祖母大人放心,因为日本鬼子并不那么可怕,只要会打仗,敌人的飞机大炮都有办法对付的。一年多我们在大江南北共打了贰百廿多次的战〔仗〕,都是胜利的,有了一年多打鬼子的经验,我们以后更有自信了。

你还没有看过日本鬼子么,我们这里捉着一批日本俘虏,可惜隔得远了,不然你到〔倒〕可以来看一看。

你爸爸有信来么?他有两个月没有来信了,前次曾去电致问,据想是平安的吧!

在宝庆①设有八路军办事处,据说负责人是王凌波,此人知道我,你可去玩玩。

家中生活不很困难吗?据我想一年之内大概不会发生大的困难的,此刻我身无分文,无法帮助家里,因为我们都是以殉道者的精神为国家、民族服务的,或许有人会说我们是太不聪明了,然而世界上应该有一些像我们这种不聪明的人,请家里不要想将来的生活怎么办,因为中国正处大的变动之中,中国抗战成功不愁无饭吃,抗战不幸失败,则大家都当亡国奴,所以我希望家里在这方面能够想得远些,能够原谅我。

你婶婶②身体很好,大约五六〔月〕间才会休息的。此间环境很好,女伴很多,请家里放心。

---

① 宝庆:即湖南邵阳市。
② 婶婶:即邱一涵,袁国平的妻子。

工作太忙了,不然我也想回家来看一看,还是让抗战成功再与你们欢聚吧!

你在中学毕业后我准备介绍你到另一个地方去学习,望努力科学的研究,学校中有英语一科么,能够学会英文对于将来研究近来的学识是有助益的。

千万要好好保养身体,锻炼体格,是准备担当大事业的前提。

祖母大人慈照已经收到,白发似乎又增添了几根,大概是为珍珍①气白的吧!劝祖母大人不要气呵!第二个你的更可爱的弟弟,或妹妹又将出世了啊!

付〔附〕来一些书籍和此间的出版物给你,以供你课余之参考。

此祝

努力学习

并问

你祖母和你母亲的近好

醉涵　字

---

① 珍珍:袁国平的女儿,幼时夭折。

左 权

左权(1906—1942),字林,又名左自林,湖南醴陵人。1924年考入广东湘军讲武堂,后并入黄埔军校第一期。1925年加入中国共产党,同年赴苏留学深造。1930年回国后到中央苏区工作。先后任红军学校教官、红军野战司令部作战科长、红十五军政委兼军长、闽西苏维埃秘书长等职。长征中,任红一军团参谋长,1936年任红一军团代军团长。抗战时期,任八路军副参谋长。1942年5月25日,在山西辽县(今左权县)麻田指挥部队与十倍于己的日军激战,不幸牺牲,时年36岁。

这一道路是光明的,伟大的

(给叔父的信)

叔父:

你六月一号的手谕及匡家美君与燕如信均于近日收到,因我近几月来在外东跑西跑,值近日始归。

从你的信中已敬悉一切,短短十余年变化确大。不幸林哥作古,家失柱石,使我悲痛万分。我以己任不能不在外奔走,家中所恃者全系林哥,而今林哥又与世长辞,实使我不安,使我心痛。

叔父！我虽一时不能回家，我牺牲了我的一切幸福，为我的事业来奋斗，请你相信这一道路是光明的，伟大的，愿以我的成功的事业报你与我母亲对我的恩爱，报我林哥对我的培养。

叔父！承提及你我两家重新统一问题，实给我极大的兴奋。我极望早日成功，能使我年高的母亲及我的嫂嫂与侄儿、女等，与你家共聚一堂，度些愉快舒适的日子。有蒙重爱，我不仅不能忘记，自当以一切力量报与之。

芦沟桥事件后，迄今已两个多月了，日本已动员全国力量想灭亡中国。中国政府为自卫应战，亦已摆开了阵势，全面的战争已打成了，这一战争必然要持久下去，也只有持久才能取得抗战的胜利。红军已改名为国民革命军，并改编为第八路〔军〕，现又改编为第十八集团军。我们的先头部队早已进到抗日的前线，并与日寇接触。后续部队正在继续运送，我今日即在上前线的途中。我们将以游击运动战的姿势，出动于敌人之前后左右各个方面，配合友军粉碎日敌的进攻。我军已准备着以最大的艰苦斗争来与日本周旋，因为在抗战中，中国的财政经济日益穷困，生产日益低落，在持久的战争中必须能够吃苦，没有坚持的持久艰苦斗争的精神，抗日胜利是无保障〔的〕。

拟到达目的地后，再告通讯处。专此敬请
福安

        侄 自林
      九月十八晚于山西之稷山县
两位婶母及堂哥二嫂均此问安。

邓 发

邓发(1906—1946),别名元钊,广东云浮人。1925年加入中国共产党,同年参加领导了省港大罢工。不久参加北伐战争,任国民党广东省党部北伐青年工作队队长。1927年任广东油业总工会中共支部书记。广州起义中任工人赤卫队队长。1928年任中共香港市委组织部长、全国总工会南方代表。以后历任中共香港市委书记、中共广州市委书记、中共广东省委组织部长等职。1930年,在中共中央六届三中全会上当选为中央委员。同年,调任中共闽粤赣省委书记。1931年转任江西中央苏区保卫局长。1934年参加长征。红军到瓦窑堡时,奉党中央指示,步行到苏联参加第三国际会议。1937年回国,任八路军驻新疆办事处主任。1940年到延安,历任中共中央党校校长、中共中央职工委员会书记及民运委员会书记等职。1945年去巴黎参加世界职工大会,当选为该会理事及候补执行委员。1946年1月去重庆参加政治协商会议,4月8日由重庆返回延安途中,因飞机失事遇难,时年40岁。

国家未来的伟大前途都寄托在你们青年一辈的身上

(给堂弟的信①〔一〕)

碧群②:

抗战八年,我虽未死于战场,但头发却已斑白了,但我比起遭难的同胞,战场牺牲之英雄,不但算不得什么,而且感到无限惭愧!国家所受破坏是惨重的,人民的牺牲,房舍的被蹂躏,这一切固然付出了巨大的代价,然而中华民族不但在东方而且在全世界站立起来了。倘若国内和平建设十年八年,中国就会成为世界头等强国,人民生活文化将大大的提高。国家未来的伟大前途都寄托在你们青年一辈的身上。现在你在高中肄业当然很好,如果可能的话,我希望你能进大学。同时希望你除功课之外,应多阅些课外书籍和文学著作,以增加一些课外知识。

宏贤叔父在努力办学,这是个好消息,你若有暇,应帮助叔父,一则可以锻炼办事本领,二则可予叔父一些鼓励。我不敢对你有所指教,只提供一点意见作你参考而已。

兹附上照片两张以作纪念!在不妨碍你功课条件下,望常来信为盼!

顺祝

学习进步

---

① 此信写于1946年重庆。
② 碧群:邓发的堂弟。

元钊
一月廿一日草于渝市

我愿同你到海洋,到天空去漂流

(给堂弟的信①〔二〕)

碧群弟:

三月廿一日信已收到,你希望到大学读书,我非常赞成,而且我一定负责你到大学读书的一切!当我答复你二月十九日来信时,已把目前交通困难情形告诉你了,现在的问题不是能不能送你入大学的问题,实因交通困难,无法叫你立即来。只要交通方便,我当即通知你,请放心!

我本想送枝钢笔及名画给你,无奈邮政无法寄,拟待朋友赴港时再托人带给你。以后我陆续先寄些书给你。我不久即赴京沪,望接此信后,不要再寄信来渝,到京沪后当另告新的通信处给你。

你希望我清明回乡扫墓,我也曾这样想过,但交通困难及锁(琐)事繁冗,致不能成行,奈何!我虽久别了故乡,但我时刻怀念故乡,留恋故乡。想念着兄弟父老,你说他们也一样怀念着我,这样久他们还没有把我忘掉,真使我感到无限快慰!

碧群弟:你虽然未见过我,但你信上所说别人所讲的我大概也差不多了,你羡慕他这样一个漂流的人,你不怕陷于一样的漂流吗?如果你真不怕漂流,敢于别开你温暖的家庭,我当

---

① 此信于1946年4月8日写于重庆。

然愿同你到海洋，到天空去漂流，像哥伦布一样，一直漂流到理想的新大陆！我真挚地期待着！

祝你

春天快乐！

云① 8/4、46

于渝

接信望即告燊熙两兄亦不要寄信来渝，以后直寄京沪新址为盼！又及

---

① 云：邓发的别名。

李临光

李临光(1907—1930),原名谢仲怀,福建省厦门人。1919年入上海惠灵中学就读,毕业后就读于上海光华大学,1926年加入共产主义青年团。不久离校,担任共青团上海沪南区委组织委员。1927年转为中国共产党党员,调到江苏省委做秘书工作,同年11月被捕入狱,后经党组织及其家庭营救出狱。1928年任共青团杭州市委副书记。1928年6月,李临光再次被捕,1930年8月英勇就义,时年23岁。

人类解放不成,何以家为

(给母亲的信①)

母亲:

我的身体好了,谢谢你老人家对我的照顾。为了革命,我和婉贞②又走了,我们知道这次走了后,家人将不知如何的牵挂,你的老泪将重新纵横,弟妹们的怀念将重新绵延,家人的

---

① 李临光第一次被捕获救后,回家养伤,他母亲强迫他去南洋,就在预定动身的前一天夜里,他同妻子一起偷偷地离开了家。这封信是李临光离开家时留给母亲的。

② 婉贞:即蒋婉贞,李临光的妻子。当时为纱厂女工、共青团员。

寻觅又将重新开始了。我们离开家,并不是不要母亲,而是出于不得已,因为我们实在不能做家庭的奴隶,更不能做金钱的奴隶,我们怎能抛弃自己的意志去锱铢必较做那孳孳为利的事情呢?私心自测,人类解放不成,何以家为。我们这次出走后,将重新过我们革命者清苦的生活,这种生活虽然不十分安逸,但在精神上却十二万分的快乐。在革命队伍中,我们虽吃粗菜淡饭,但我们觉得这比家中的山珍海味好吃得多。我们离家后虽得不到你的爱抚,但可以得到千千万万工人们的爱抚与照顾。一切请你放心。

仲怀　婉贞留
二月三十日

高文华

高文华(1907—1931),字潮,江苏无锡人。1924年冬入黄埔军校。1925年加入中国共产党,同年8月参加国民革命军东征。1926年参加北伐战争,次年任共青团无锡县委书记。1928年3月17日不幸被捕,囚禁于南京江苏省第一模范监狱。1931年7月16日,因受长期折磨死于狱中,时年24岁。

政治上的犯罪行为是一桩光荣事体

(狱中给姨父的信①)

姨父:

现在判决了,而且是一个九年的长期徒刑。这当然在一般的观点是失望,但是我却非常快活。便是再多一些年数,我还要更加快活。因为在这九年里可以休养身体,学习职业技能,静心读书,以求人生及社会各方面之必需学问和知识。同时我更可以得到九年的生命保险系,得到九年的吃饭系。

你们切勿要忧愁,吃官司是一件好事,尤其是政治上的犯

---

① 此信写于1928年被押往南京前。

罪行为是一桩光荣事体。希望你们能够帮我安慰父母亲。希望父母亲能够了解这些意思。

模范监狱是很快要去的,去后仅仅一月接见一次和通信一次,无锡已经不可能去了。

最后是一句请求你们安心的话了,我的身体很好。

再会了,祝你们快活! 健康!

文华

我处处都想学着小孩子

(狱中给父亲的信①)

亲爱的父亲:

今天已是十二月二十一号,只有九天就要过年了,雪下得这样深,天气是这般的冷,在我倒不觉得什么,就困苦了家里了。我每每喜欢下雪,不是吗? 雪景是多少美丽,银白的宇宙,咳! 银白的屋,银白的天空,银白的地面;一切是白了,一切都闪闪的发亮了,就连那粪坑,秽堆都穿上了最光荣最洁白的雪了;虽然它的本身是那末糟,但是在我眼里却只看见一个整个的银白的宇宙了! 因此,我是十二分的喜欢! 喜欢这样的雪永远永远压盖着宇宙。父亲,你说我是怎样的回转到小孩一样的心地了。

父亲,我诚然很年青,我应该还是个小孩才好呀! 但在过去却偏偏又是老大得了不得,几乎什么都像八十岁的老公公了,我自己也总喜欢去学着老,总以老的为好的,老资格为光

---

① 此信于 1929 年 12 月写于南京狱中。

荣的事体;但现在转变了,我处处都想学着小孩子,学着她那种天真、自然的形状,我只觉得我应该请小孩子做我的先生呀!

父亲的身体如何?母亲的身体如何?我非常想念。我总希望母亲也能看穿些,快活些;不必兢兢于一切,不必过分忧愁忧思呀!这是一时的情形,这是一个必然的过程;做人不吃苦,人是不能算人的,我们也真像吃青果一样的有滋味,我们在辛涩的里面有甜味。我们虽然苦,但我们的良心没有受罪;我们虽然苦,我们依旧有我们至高无上的精神的愉快;总之,我们是真理的追求者,我们是最公正无私的人,我们是最快活的人呀!

十八年①过去了,这是一封十八年底的家信,照理应该将我这一年来的读书情形,心里的变动,环境的转化等等,详详细细的报告给父亲听听,但是,父亲啊!这又怎样报告起呢?父亲,我只有一句话告诉你,"我竟将十八年荒废了去了。"我只有恳求你宽恕我的堕学,只有请你准许我的要求:"给我在十九年②里有一个自新努力读书的机会罢!"

再谈了,祝父亲母亲康健愉快,弟弟妹妹身体好!用功读书!并颂
新年快活!

儿子潮上、1929、12、22

---

① 指民国十八年,即1929年。
② 指民国十九年,即1930年。

童长荣

童长荣(1907—1934),又名张长荣,安徽湖东(今枞阳县)人。1921年考入安庆安徽省立第一师范学校,同年加入社会主义青年团。1924年在上海加入中国共产党。1925年夏考取公费留学日本,继续从事革命活动。1928年夏因领导中国留日生反对日本侵略中国的革命活动,被日本当局逮捕并驱逐出境。回国后,历任中共上海沪中区委书记、中共河南省委书记、中共大连市委书记等职。1931年"九一八"事变后,任东满特委书记,是东满抗日游击队创建人之一。1934年3月21日,在吉林省任清县与日军战斗中,英勇牺牲,时年27岁。

黑暗和光明的天晓

(给母亲的信①)

母亲大人:

好久没写信回家了,劳你老人们挂念,心实不能安,老人们或者以为我忘了家罢,其实我决不,我无日不想回去看看乡里的沧桑,家庭的状况,你老母的平安!

---

① 此信是童长荣1926年3月20日于日本留学期间写给他母亲的。

想回去而不回去的理由很简单,因为来回要百多元。——春假了,还是欲归不得!

乡里的兵匪之乱,怕还未平静吧,——这是不能平静的呵。在社会未变革,上下未颠倒以前。——这不独是中国,全世界都走到五叔所常说的"大劫"的关头,但也是黑暗和光明的天晓。日本近日全国捕去了千多革命者,但是劳农的反抗也就随着更加高涨起来,压不下去的。

我在求学之时,听到或看到这些事情,就常常不禁浩叹!——我家为什么这样破落?你老人家年老了,为什么不能得到事养?我读书之年为什么没钱读书?怎样解决这些问题?

又听说广东东江和海南岛一带的小百姓全都赤化起来,田塍也废掉了,田契债据都烧毁掉了,生意也兴盛起来了,——他们胆子真大呀,简直是无法无天!

在日本消息非常灵通,真是触目接耳心酸!

以后来信,统寄日本东京府下大冈山李仲明样,内封长荣收。因为春假要去他处旅行,以后又要住贷间的。

诸长,诸兄,诸友,皆问好!

敬叩金安!

荣儿
三·二十日

彭雪枫

彭雪枫(1907—1944),河南镇平人。1925年加入中国共产主义青年团,1926年转为中国共产党党员。1930年起,历任中国工农红军第五军、第八军的大队、纵队政委,第三军团二、四师政委,江西军区政委。长征中曾任红五师师长,中央军委第一局局长。到陕北后任红一军团第四师师长。抗日战争爆发后,任八路军总部参谋处长兼驻晋办事处处长。1938年组建新四军游击支队任司令员兼政委。1939年任八路军第四纵队司令员。1941年任新四军第四师师长。1944年9月11日,在河南夏邑八里庄战斗中牺牲,时年37岁。

对人诚恳是不会失败的

(给林颖的信①〔节录〕)

楠②:

　　……

　　决心是果断的具体表现,我俩应为我们的前途庆幸! 方

---

① 此信是彭雪枫于1941年在淮北豫皖苏根据地写给林颖的,此为节录。当时,彭雪枫和林颖正在热恋之中。
② 楠:林颖的别名。

式虽由于"介绍",然而"爱"乃是由于同志关系、政治条件、工作利益、双方前途,特别是性格与品质相互印象诸复杂因素而自然促成的,而逐渐浓厚起来的。尤其是在击破困难排除波折之过程中而更会浓厚起来的!倘若"轻易"而成,当不会事后回味之深长吧?比如我们的事业,要不经过艰难缔造的奋斗过程,那么巩固和壮大的程度当不如我们所愿望的那样伟大吧!当然,一种小资产阶级的恋爱观,是另一种——花前月下,卿卿我我,这究竟是小资产阶级的呀!无产阶级先锋队则不然,这首先建立在政治上、工作上、性情上和品格上,自然同样也有花前月下,然而已经不是卿卿我我了,而是花前谈心,月下互勉,为了工作,为了事业,为了双方的前途!你同意我的话吗?我想同意的吧!因为你已经在做着了。

我郑重提出:双方对对方的希望上,千万不要"过奢",尤其是在今天,在初恋,在恋爱定局之初期。俗话说:情人眼里出西施,一般人对他的爱人,是不容易看到缺点的。所以在起初,感情无限好,但日久天长,弱点逐渐暴露,情感就会淡了,因为这里头没有辩证地观察问题,更没有辩证地认识问题,当然也不会有正确的方法去解决问题了。人都有其优良的一面和缺陷的一面的,两面相照,发展其优良的一面,同时又要扬弃其缺陷的一面。主要靠自己,同时靠他人。只要对方在基本上是可爱的,是值得可爱的,那就够了,把功夫用在相互帮助、相互教育、相互鼓励上。这是我党对待同志的态度,也是恋爱双方互相对待的态度。倘若能够这样,则双方情感不仅不会越来越淡,相反必会越来越浓,以至白头偕老的。

在上述基本观念和基本态度之下,我们相爱了,这种爱才是最正当最伟大最神圣的!同时也必能是最坚持最永久的!

所以,你对我的认识和了解,我知道乃是基于政治、党性、品格,而不是什么地位。地位算什么东西呢?同时,要求你必须还要了解我的另一面:急躁、激动,工作方式、方法上之不够老练,对人对物有时过于尖锐,使人难堪,对干部有时态度过于严肃,加上某些场合下的不耐烦,使人拘束,涵养不到家,这一切都是我自己实行自我批判自我斗争而同时请求你在更接近更了解的情况下帮助我去纠正的。对于你,聪明,豪爽,忠诚,多情,不怕危险困难忠于党,这是好的一面,优良的一面;可是在另外的一面,高傲,虚荣心——像你所说的,再加上还欠切实,正是你的缺点,却需要你来努力克服。倘若有了彻底认识,克服虽然必须一个过程,相信是会收到完满成果的。

我希望你的(虽然你已经在作着)是:

(一)加强自己思想意识上的锻炼。你的家庭生活环境熏陶着你,带来了非无产阶级的某些意识,在党对你不断的教育中,特别是在敌后两年烽火的斗争中已经锻炼得使你更坚强起来了。然而进步是无止境的,还需要加倍努力!最近党中央关于增强党性的指示,是我党自有历史以来最有意义最有教育价值的文献之一,你必熟读,妥为笔记,而主要还依靠于左右同志们的相互坦白检讨。区党委会有具体指示,如何去检讨,特别应当认真看洛甫①的《论待人接物》那篇文章,胡服②同志《论共产党员的修养》那本小册子,这对于我辈为人为党员为一个革命家,是有着极大的作用的。

(二)留心政治,养成对政治的浓厚兴趣。一切应从政治观点上去观察问题。政治是任何一种工作职业的同志所必须具备的。理论修养之外,尤须注意政治形势,根据形势布置工

---

① 洛甫:即张闻天。
② 胡服:即刘少奇。

作,分析形势,推动形势,改变形势。要多多地经常地在这方面用心下功夫啊!报纸电讯不应该放过一个字,一条新闻不能单独看作一件新闻,而应分析它的实质。先从近处作起,渐而致于国际形势,抱定志向,做一个最实际的政治工作者,有修养的政治工作者。

(三)待人接物上,不要过于锋芒外露,大方之中含有腼腆。我始终没有忘记过一次毛主席在我外出进行统战工作时的临别叮嘱的一句话:"对人诚恳是不会失败的!"这句话今天拿来送给你,共同勉励吧。注意我们的态度,我们的言语,我们的待人接物,更谦逊些,更诚恳些,更大方些,更刻苦努力些!

(四)工作,越下层越好锻炼,越深入越能具体了解,也就越能正确解决问题,越能建立信仰。女子生下来长大了是革命的,是工作的,是为大众谋利益的,而不是为的什么单纯性的问题。女子应有其独立的人格,更应有其培养独立人格的场合和环境,即便结婚了之后,我还是主张你应有你的独立的工作环境,我无权干涉你,也不会干涉你。

(五)你写得很好,你应该努力学习写作,记日记,写文章。把材料系统地组织起来写在纸上,这就是文章。要具体材料,不要空洞说理,要提高文化水平,要加强理论修养。……

亲爱的同志!一切美满的愿望,都是建立在政治理智、情感热心、努力互助互谅之上的!

枫
一九四一年九月十四日

石涧湘

石涧湘(1908—1932),湖南宁乡人,中国共产党党员。1926年参加革命,积极从事农民运动。1927年,"马日事变"后,参加工农义勇军。1930年,在宁乡县积极发动农民参加游击队。1932年被捕,4月5日被杀害于宁乡黄村,时年24岁。

过十八年再会

(给妻子的遗书)

关秀①:

我和你结婚仅十四个月,比二三十年恩爱还要好。你年方十六,和我在这危艰条件之下,这样不畏挫折,我很敬爱你。我定死无疑,想你不会牺牲的。我俩同被关押一处而不能相见,未知在这野蛮的刑狱下,将你弄到什么情形?我如今一死而骨肉化成石,但到九泉之下还要作坚决的斗争。我为人民谋解放,为马克思主义而甘心牺牲。革命尚未成功,还有伟大同志在,我希望你用百折不回的精神达到目的,使人民永远脱

---

① 关秀:即刘惠兰,石涧湘的妻子。

离封建和侵略。我死后,家当贫,希你得过且过,艰苦斗争度日。小女自立转眼成人,用心培养,可以当子。如若像汝,可以复仇。

关秀呀!我和你永别了!我死后,你在凄惨当中,勿哭勿痛悼我,过十八年再会。谢谢你吧!安埋的物件宜简单,用一匹白大布裹住我的血体就行。

祝你千秋!

夫兄石涧湘血笔
古历三月初二

汪裕先

汪裕先(1908—1934),江苏南汇人(现上海南汇区)。1926年加入中国共产党,历任中共南汇县委书记、川沙县委书记、淞浦特委委员等职。1930年4月受党派遣赴苏州等地工作,不幸被捕,解押到南京,囚禁于国民党中央军人监狱。1934年在雨花台英勇就义,年仅26岁。

在现社会中间与我同一命运的人正不知多少呢

(狱中给姐姐的信①)

我亲爱的姐姐:

流水般的时光,谁也挽不住它。居然又到了二十一年②的新年了。在这过去的一年中,我是完全过的阶下囚的生活。简单说一句机械的牢狱生活消磨了我这一年宝贵的青春罢了。

……

我们的父亲是在我们幼年就离开了俗世的。照理说,我

---

① 此信于1932年初写于南京国民党中央军人监狱。
② 这里指的是中华民国二十一年,即1932年。

就应该平平稳稳的过那世俗的平凡生活,使得母亲和其他家里人欢喜,这是我的责任。我起初也想埋身在世俗的生活中,使得家里人勿至于担惊受怕,可是这一个办法的实行,仅使我感到了梦想的空虚,要实现却是万不可能的。因此我终于走上革命的道路,进了牢狱的大门。这有什么办法呢?在现社会中间与我同一命运的人正不知多少呢!

母亲的一生是劳苦二字接连着的,并且历次的伤心,使得母亲更见衰老了。然而,我这次的入狱,更重伤了老母的心。所以对于母亲,我希望姐姐特别的劝慰劝慰,使得老人勿要过分伤感才好啊!

祝
新春安乐并进步!

裕弟上　元月五日

朱务义

朱务义(1909—1929)，湖南醴陵人，中国共产党党员。大革命时期，曾从事共青团工作。1927年参加秋收起义，跟随毛泽东上井冈山。1928年任工农革命军独立一师一团团部书记。1929年赴汉口，奉命去湖南岳阳，在湘鄂赣边区联络站工作，后不幸被捕。同年6月10日，被国民党杀害于长沙，时年20岁。

世上层层的枷锁，锁不住你这独享的幸福的春！

（狱中给弟弟的信[①]）

本义、和义：

丰叔来此，得知你们的近况，甚慰！

我的牢狱生活，于今又惠临了。一想到我的命运，多么寂怜与悲惨啊！本、和，我的弟弟！我现在把我的生死问题丢开，我们来谈谈心吧。

和义，你是一个伶俐的童儿，你的前途到现在多么值得紧要啊！在这个时候，你要确立你的意志。在意志确立了以后，

[①] 此信于1929年4月写于长沙陆军监狱。

尤应该不顾一切的艰辛,去达到你的意志的成功。这样才是社会上站得住脚的人,这样才是社会上有为的人!你现在想读书或耕田,应该自己早些决断;在过去的家庭环境以及你自己的观念看来,你现在是应该升学的,但是家庭的环境激变以后,你的观念随而激变了,这在你去年的一次与我谈话中可看出。你说你要做农人去,这不但我极表同情,而且很羡慕你的思想的进步!我觉得,我始终觉得在这荆刺满布的宇宙,求学是没用的;进一步讲,求学求到高深的时候,做个"博士",做个"学者"于社会有何益?无非再添社会一个咬人虎!现今的这班人——博士、学者,就是"好榜样"。在你这年轻的人,如果再去求学,更显然易套进他们的圈中。

还有,就是你的婚姻问题,你现在固然谈不到,也是我不应该提及的,但是,我为你痛心,我为你流泪。你处在腐败的恶劣社会状况底下,柔弱的心儿,很容易为他们所软化,他们硬要倾着他们的顽固观念来这么那么,一谈起真可恨!和义!为了你的未来和幸福,你应该拿住你的把握,去与他们抵抗!祖母和母亲固不成问题——他们是以你的意志为意志,成问题的却是族间与乡里的一班恶化的老者,你切记应该去抵抗啊!

本义!听说你已婚配了呢,真意料不到。我现在也只有祷祝你们的前途光大,祷祝你们的幸福惠临!你,你是意志较强的青年,你早拿住了你做农人的把握,想起你真是找到了你的幸福之路!可爱的春,鲜艳的春,世上只有你们——辛苦的农人们,享到了它的幸福!劳苦的农人们啊!世上层层的枷锁,锁不住你这独享的幸福的春!

本义!这不但是你已有的幸福,也许是你未来的生路,希望你以后努力向这条路上进,进,进!

我在梦想吧,我如果有再生的一日,我要组织我们共同的幸福家庭。那时候,我们过着清闲安逸的生活!我们同伴耕种,我们同伴看书,我们同伴乐歌,我们同伴……,这种生活多么好过啊!我的弟弟,只怕我不能受享这种幸福了!

听说你俩时常互相争吵,这是多么的无意味。人家兄弟的争吵,是为着争钱、争产业。你们呢?不是,绝对不是。我相信你们绝对没有这些观念,作算是孩儿式的争吵罢了!不过,我很诚恳的盼望,盼望你们息争,丢弃那孩童的气概,来打破一切旧社会所遗留的余毒,从事建设我们理想中的新的幸福的社会!

祖母和母亲在家,你们应该诚意的去侍奉,这是别你们后时在盼望的一点。望妹、幼妹年龄很小,你们应该常时教养他们,送他们去读书。幼妹尤其是活泼伶俐的孩儿,她的前途你们尤不可轻视啊!

不谈了,有生的一日再来谈吧。顺祝你们幸福!

务义
于长沙陆军监狱署
四月二十九日

郭纲琳

郭纲琳(1909—1937)，女，又名郭英，江苏句容人。1932年加入中国共产党，任共青团上海沪西区委书记等职。1934年夏在上海从事抗日救亡运动时不幸被捕，解押南京。1937年8月在雨花台就义，时年28岁。

我不愿造一点点罪恶在我生命中

（狱中给哥哥的信[①]）

伦兄：

我拖延了许久许久才复你信了吧！我不愿申诉和说明什么。因犯人的心理是绝隔人世不起作用，也许有很多的想象是脱离实际的，为了她抓不住实在做她估计的对象，所以给与她的会令她失望得可怕。现在我很能安静，脑袋似静水一样无波纹，我不希望什么，更不为失望而悲叹。我现很能安命自守。虽在过去我不利用时间追求我的现实，专在追求我身体的自由而陷于失望的苦燥中。现在呢？我不那样企求了！现

[①] 此信于1935年写于狱中。郭纲琳被捕入狱后，其哥哥为营救她四处奔波，并写信劝她承认错误以获宽大释放。在生与死的选择上，她坚信自己所从事的事业是唯一正确和光荣的，断然拒绝了哥哥的劝言。

在我的中心是："让造成我的命运来结我的命运,让我能得着的时日求些我愿求的知识,一直到最后一日。"我知道希望在追求中是甜密〔蜜〕的,美满的占多数。可是实现了后因时间与空间的更换,也许会恼恨希望的实现。所以你要我做的,我是不能给你圆满的回答。并我该告诉你："我不愿造一点点罪恶在我生命中。"伦兄！请你原谅我不能屈伏在一个无罪而加上有罪的名义下来遵从你。我知道自己,明白自己。并且我也知道你们的苦衷！我常常觉得给你们的实在也够烦忙了,我为什么要这样累赘你们呢？我能给你们一点什么答复呢？——哦！垂猪的生活——再有什么？什么也没有了！再有给你们的只有失望,还说什么呢？总算好我的身体和夏日一样有力,自入秋来胃少有不佳,别均似夏日的我。请你放心！我近来还能读点书,因能读书,所以杂念也易消失了！中秋节快临了,你们又忙着请客了吧！我们犯人一年照例有三次特许的买牛猪肉吃——五月节、八月节、旧历年——所以每个犯人逢到这时都有一点兴奋,如没有钱,那只有望肉而兴叹了！八月节尚未到早就计划着："还有一个月要吃肉和月饼了。"八月节可买月饼吃,五月节可买粽子吃。月饼比粽子好吃,能放得久多。八月节离我们还有半个月。不知你来得及请我否！七叔许久未来信了,大约公事忙吧！请他把小弟弟照片再寄张我。并替我向他要求他："请我过节！"肯不肯呢？好！纸完了！下次再谈！祝你
努力保重！

狱中英妹谨上
八月廿六日

殷　夫

殷夫(1910—1931),原名徐祖华,浙江象山人。1923年到上海,先后入上海民立中学、浦东中学和同济大学补习科就读。1927年加入中国共产党,因从事革命活动曾三次被捕。1929年秋,参加《列宁青年》杂志的编辑工作。后参加左翼作家联盟,是"左联"的知名作家、诗人。1931年1月第四次被捕后,于2月7日就义于上海龙华,时年21岁。

我和你相互间的系带已完全割断了

(给哥哥的信①)

亲爱的哥哥:

你给我最后的一封信,我接到了,我平静地含着微笑的把它读了之后,我没有再用些多余的时间来想一想它的内容,我立刻把它揉了塞在袋里,关于这些态度,或许是出于你意料之外的吧?我从你这封信的口气中,我看见你写的时候是暴怒着,或许你在上火线时那末的紧张着,也说不定,每一个〔字〕

---

① 此信原载1930年5月《拓荒者》第4、5期合刊,题为《写给一个哥哥的回信》。哥哥:即徐培根,原名芝庭,殷夫的大哥。1927年,在国民革命军总司令部任参谋处长。

都表现出和拳头一般地有一种威吓的意味,从头至尾都暗示出:

"这是一封哀的美顿书!"

或许你预期着我在读时会有一种忏悔会扼住我吧?或许你想我读了立即会"觉悟"过来,而从新走进我久已鄙弃的路途上来吧?或许你希望我读了立刻会离开我目前的火线,而降到你们的那一方去,到你们的脚下去求乞吧?

可是这,你是失望了,我不但不会"觉悟"过来,不但不会有痛苦扼住我的心胸,不但不会投降到你们的阵营中来,却正正相反,我读了之后,觉到比读一篇滑稽小说还要轻松,觉到好像有一担不重不轻的担子也终于从我肩头移开了,觉到把我生命苦苦地束缚于旧世界的一条带儿,使我的理想与现实不能完全一致地溶化的压力,终于是断了,终于是消灭了!我还有什么不快乐呢?所以我微微地笑了,所以我闭了闭眼睛,向天嘘口痛快的气。好哟,我从一个阶级冲进另一个阶级的过程,是在这一刹那完成了:我仿佛能幻见我眼前,失去了最后的云幕,青绿色的原野,无垠地伸张着柔和的胸膛,远地的廊门,明耀地放着纯洁的光芒,呵,我将为他拥抱,我将为他拥抱,我要无辜地瞌睡于这和平的温风中了!哥哥,我真是无穷地快乐,无穷快乐呢!

不过,你这封信中说:"×弟,你对于我已完全没有信用了。"这我觉得你真说得太迟了。难道我对于你没有信用,还只有在现在你才觉着吗?还是你一向念着兄弟的谊分,而没有勇敢地,或忍心地说出呢?假如是后者的对,那我不怪你,并且也相当地佩服你,因为这是你们的道德,这是你们的仁义;如果是前者的对,我一定要说你是"聪明一世,朦瞳〔懵懂〕一时"了。

为什么呢？你静静气，我得告诉你：我对你抽去了信用的梯子，并不是最近才开始，而是在很早，当我的身子，已从你们阶级的船埠离开一寸的时候，我就始欺骗你，利用你，或甚至卑弃你了；只可惜你一些都没有察觉而已！

在一九二七年春季！你记得吗？那时你真是显赫得很，C总司令部的参谋处长，谁有你那末阔达呢？可是你却有一次给我利用了，这是你从来没有梦想过的吧？自然，这时我实在太小，太幼稚，这个利用，仍然是一种心底的企图，大部分都没有实现，尤其是因为胆怯和动摇，阻碍了我计划的布置，这至今想起来有些遗憾，因为如果我勇敢地"利用"你了，我或许在这时可以很细小的帮助一下我们的阶级事业呢！

"你这小孩子，快不要再胡闹，好好地读书吧！"你在C总司令部参谋处里，曾这样地对我说。

"这些，为什么你要那末说呢？我不是在信中给你说过了吗？"我回答。

"但是，"你低声地说："我告诉你，将来时局一下变了，你是一定会吃苦的。"

"时局要变，你怎末知道呢？"

"我……怎末不知道？"

"那末，告诉我吧！"我颤抖了，那时我就在眼前描出一幅流血的惨图。

"你不要管，小孩子，我要警告你的是：不要再胡闹，你将来一定要悔恨……"

那时，一位著名的刽子手，姓杨的特务处长进来了：他那高身材，横肉和大眼眶，真仿佛是应着他的名字，真是好一副杀人的魔君相，我悸慄着，和后来在法庭中见他一眼时一样的悸慄。

你站起了说：

"回学校去吧，知道了吗？多用用脑子，多看看世界！"

我颤战着，动摇着走回去，一路上有两个情感交战着：我们的劫难是不可免的了，退后呢？前进呢？这老实说，真是不可赦免的罪恶，我旧的阶级根性，完全支配了我，把我整个的思维，感觉系统，都搅得像瀑下的溪流似的紊乱，纠缠，莫衷一是。

一直到三天后，我会见了C同志，他才搭救了我，他说："你应该立即再去，非把详情探出来不可！"

"是的。"我勇敢地答应了。

可是这天早晨再去见你，据说C总司令部全部都于前一夜九点钟离开上海了！我还有什么话呢，就在这巍峨的大厦前面，我狠命的拷我自己的头。

过了一夜，上海便布满了白色的迷雾，你的警告，变成事实来威吓我了。

到后来，你的预言，不仅威吓我，而已真的抓住我了：铁的环儿紧扣着我的手脚，手枪的圆口准对着我的胸口，把我从光明的世界迫进了黑暗的地狱。到这时候，在死的威吓之下，在答楚皮鞭的燃烧之下，我才觉悟了大半；我得前进，我得更往前进！

我在这种彻悟的境地中，死绝对不能使我战栗，我在皮鞭扭扼我皮肉的当儿，我心中才第一次开始倔强地骂人了：

"他妈妈的，打吧！"

我说第一次骂人，这意义你是懂得的，我从小就是羞怯的，从来没骂过人呢！

同时我说："我还得活哟，我为什么应该乱丢我的生命，我不要做英雄，我的生命不是我自己可支配的。"所以我立刻掏出四元钱,收买了一个兵士,给我寄一封快信给你;这效力是非常的迅速,那个杀人不眨眼的人虎,终于也对我狠狠地狞视一会,无声地摆头示意叫他的狗儿们在我案卷上写着两字:

"开释。"

这是我第二次利用你哟①。

出狱后,你把我软禁在你的脚下,你看我大概是够驯伏的了吧,但你却并没知道我在预备些什么功课呢。

当然,你对待我,确没有我对待你那样凶,因为你对我是兄弟,我对你是敌对的阶级。我站在个人的地位,我应该感谢你,佩服你,你是一个超等的"哥哥"。譬如你要离国的时候,你送我进D大学②,用信,用话,都是鼓励我的,都是劝慰我的,我们的父亲早死了,你是的确做得和我父亲一般地周到的,你是和一片薄云似的柔软,那末熨贴,但是试想,我一站在阶级的立场上来说呢?你叫我预备做剥削阶级的工具,你叫我将来参加这个剥削机械的一部门,我不禁要愤怒,我不禁要反叛了!

D大学的贵族生涯,我知道足以消灭我理想的前途,足成为我事业的威吓,我要以集团的属望来支配我自己的意志,所以我脱离了,所以我毅然决然的脱离了,也可说是我退一步对你们阶级的摆脱。

但我不是英雄,我要利用社会的剩余来为我们阶级维持我的生命,所以我一,再,三的欺骗你的钱,来养活我这为我企图消灭的社会所吞噬的生命。

我承认欺骗你,你千万别要以为我是忏悔了,不,我丝毫

---

① "四·一二"反革命政变后,殷夫被捕,囚禁三月,几乎被枪决。后由大哥徐培根保释出狱后,又被大哥软禁了一段时间。

② D大学:即同济大学。

也想不到这讨厌的字眼！我觉得从你们欺骗来一些钱,那是和一颗柳絮给春风吹上云层一般地不值注意的。你们的钱是那儿来的？是不是从我们阶级的身上抽刮去的？你们的社会是建筑在什么花岗石,大理石上的？是不是建筑在我们阶级的血肉上的？虽然我明白,欺骗不是正当的方法,我们应该用的是斗争,是明明白白的向你们宣言,我们要夺回你们手中的一切！但是,即使是欺骗,只不过是一个不好的方法,绝不是罪恶！

我说了这一大篇,做什么呢？我不过想证明给你,你到现在才说对我失了信用,是已经迟到最最迟了。

最后,我要说正面的话了:

哥哥,这是我们告别的时候了,我和你相互间的系带已完全割断了,你是你,我是我,我们之间的任何妥协,任何调和,是万万不可能的了,你是忠实的,慈爱的,诚恳的,不差,但你却永远是属于你的阶级的,我在你看来,或许是狡诈的,奸险的,也不差,但并不是为了什么,只因为我和你是两个阶级的成员了。我们的阶级和你们的阶级已没有协调、混和的可能,我和你也只有在兄弟地位上愈离愈远,在敌人地位上愈接愈近的了。

你说你关心我的前途,我谢谢你的好意,但这用不着你的关心,我自己已被我所隶属的集团决定了我的前途,这前途不是我个人的,而是我们全个阶级的,而且这前途也正和你们的前途正相反对,我们不会没落,不会沉沦到坟墓中去,我们有历史保障着；要握有全世界！

完了,我请你想到我时,常常不要当我还是以前那末羞怯,驯伏的孩子,而应该记住,我现在是列在全世界空前未有的大队伍中,以我的瘦臂搂挽着钢铁般的筋肉呢！我应该在你面前觉得骄傲的,也就是这个:我的兄弟已不是什么总司令,参谋长,而是多到无穷数的世界的创造者!

别了,再见在火线中吧,我的"哥哥"!你最后的弟弟在向你告别了,听!

一九三〇,三,十一晨。

赵伊坪

赵伊坪(1910—1939),河南郾城人。1926年加入中国共产主义青年团,1927年转为中国共产党党员。1937年受党派遣,进入国民党山东聊城专员保安司令范筑先的秘书处工作。1939年任中共鲁西北党委委员、秘书长兼统战部长。同年遭日寇偷袭,不幸被俘,惨遭杀害,时年29岁。

大家都是为了国家

(给父亲、叔父的信①)

父亲、叔父:

　　从前寄过两次信,不知收到没有?从前的信是从济南走的,要漂海,要到香港,越过粤汉路、平汉路才能到咱家。一个多月,时间可算很长。有许多话不能一老一实的说,只得装作一个商人口气,其实我是不会做生意的。我住的这个裕鲁当②是早就关闭了,现在是我们政治部的机关。政治部有一千多工作人员,有留洋的,有大学生、中学生,都是知识分子,都是

---

① 此信写于1938年11月7日,此时赵伊坪在鲁西北抗日根据地工作。
② 裕鲁当:店铺的字号。

从全国各地方来的。有许多女同志都是四川、云南、贵州等地来的。大家都是为了国家。我担任政治部的秘书长,波①在十支队担任教导队长,住在冠县。十支队司令是我的一个老朋友。这里有卅几个支队,有五六万人。有很多学校,每一个学校有上千的学生,有很好的报纸,有很好的杂志。我们不愁吃,不愁穿,官兵生活一样,每月拿很少几个钱作零用。就是当总司令的也不能比别人多拿。几十万老百姓都组织起来了。

我给超、泉两个弟弟去过两信,大约会收到的。我希望他们毕业以后留在陕西工作,最好不要回家。

祖母、父亲、叔父、婶母、母亲都是上年纪的人了,要心怀放宽,保养身体,不要挂念我们。三弟妇新到咱家,要多照顾。莉母女②多操劳点不要紧。我这封信是带到郑州发的,所以敢写得这样详细,以后来信仍写"山东聊城、裕鲁当",不必写政治部三字。

晓舟明天由冠县来看我,我可以叫他也写封信。

廉③
十一月七日

---

① 波:指赵伊坪的弟弟赵晓舟。
② 莉母女:即赵伊坪的妻子和女儿。
③ 廉:即赵伊坪。

李　白

　　李白(1910—1949)，原名李华初，湖南浏阳人。1925年参加中国共产党。1930年在中央苏区无线电训练班学习报务。1934年参加长征。1937年至1948年先后往返上海、浙江等地从事与延安的秘密电台的通讯联系。1948年12月在上海被捕。1949年5月7日在上海浦东被秘密杀害。时年39岁。

但凡一切事情，总宜自慰

（给父亲的信①）

父亲大人：

　　九月廿一日寄来之信于阳〔历〕十月十八日收到。前次寄来的一封，内有实兄及庆弟一纸亦早收到。但三妹及祥弟之信未曾接着。自接到上次信之时，当即回了一封比较长的信给大人，不知此信有否收到？

　　此次来信，据说：父亲已生疾病至发信时，尚未痊愈！使我异常忧虑。惟原其故，多半是因思子之心情切，而使大人不

---

① 此信写于1943年5月。

安于心，虑及所至。真是男之罪也！

关于我为什么不早日回家来拜望大人，其困难和苦衷在上次回信中我曾详细告知过。并不是"大人有爱子之心，儿反无孝亲之意！"这是千万要请大人原谅的。

上次接到大人的来信时，奉读之后，真使我感到万分惭愧和悲痛。的确我自从拜别大人离开美丽的故乡之后，一直到现在我仍无半点存储仅能维持我二人的生活而已！不过使我自慰的，大人现尚康健，膝下尚有二弟及弟妇桂生等围绕大人的身旁，早晚照料着大人的起居饮食，不至使大人孤寂。时常可以接着家信，家庭情形，我虽未亲睹，大概情形我都能知道一些。对于我自身呢？我生平是秉大人志向，"不贪无义之财，不取无来路之物"，生性是"一身傲骨，两袖清风"，平〔凭〕着我自己的心，拿着应得的薪，维持我二人的生活。我在外面多年，虽未有半点成就，但所交之朋友对我都是很亲近的。我从未有何大的困难之事。这也是使我非常欣慰的。

但凡一切事情，总宜自慰，千万不可因我们未能早日回家，大人因此担心记挂，损及身体健康。只要有可能回家的安全路线及回家后可有一安定的生活时，我们是无论如何都会回家的。仅是焦急和忧虑都只有弄得彼此不安，悬心记挂，甚至生病，有事无法做，有机会不能归。那时悔之不及。总望大人好好保养身体，宽心自慰。我们听到合家平安，即在外亦安心做事。一俟可能回家时，即抽身回家。情知孤身在外，不是我们归宿之所，我们又为什么要留恋于异乡呢？我们回家之心，是比大人望我们回来之心还要焦急的。我们不过是等一平安路线和便当行程而已。同时亦是筹划回家后，怎样生活的办法等。

本月十三日男有一友自沪返乡，大致阳历年底可到湖南，当嘱托请他代汇一点钱回家,想此友定会有信给大人的。倘他有回信地址时,大人尽可将家庭困难情形告知,他定会设法帮助的。

我们店中,现扩充为百货股份有限公司①,重新装修,资本亦相当雄厚,店中一切多由我主持,将来生意发达,年终红利,或有可观。这是我向大人告慰的。

此祝

福安

男华初

(慧忠②现回家数日,大致等几天就可回来。她仍在店中做事。)

并问庆祥二弟桂生及合家安否。代问实兄三妹合家及各房户六亲都好么?

古十月二十二日
于沪店中

上能对得住天理,下能服从人心

(给父母亲的信③)

双亲大人:

数月前我们盼望双亲的回信,差不多三五日慧中都要去

---

① 百货股份有限公司:原名良友糖果店。1943年5月,李白第一次被捕获释后,暂在良友糖果店当店员。
② 慧忠:即裘慧英,原名裘兰芬,化名裘慧忠。1937年10月参加中国共产党,经党组织委派配合李白工作,后经党组织批准同李白结婚。
③ 这是李白在上海写给家乡父母的信,具体日期不详。

祥宝女士那里探询，后来因时长日久，仍未见有回音，我们以为是双亲忘却了通讯地址或另有他故所至。因此，我们有很久都没有去那边了，日前我二人到那边闲玩时，才知有父亲的亲笔手书壹封。当我们奉读之际，真乃无上欢欣，奉读之后，又使我们感到极其难过。据父亲函中所叙各节，闻之殊为痛心，庆祥二弟在家各怀意见，诚属不应之事，这是使双亲不安的主要原因，双亲内心的苦痛与烦闷，我们是非常同情的。但因途程遥远，交通不便，亦无法面劝二弟和睦，而只能另函二弟，嘱其同心协力固〔顾〕全家计而已。

庆祥二弟现已年长成人，各能自立为生，都乃双亲之力而长成，他们的一举一动都应由双亲之节制，当教应教，当罚应罚，只要双亲以大公无私的批判，谁都不能违反双亲的训示，望双亲以严正的态度去教导他们，绝不可受他二人意见分歧所迷惑，感到无法处理，至使双亲烦闷，防〔妨〕害福体的健康。

据父亲信中说到，祖父遗骸已停存三年之久，尚未安葬，这真是一件不佳之事，望双亲急宜设法找一干燥的高地，不受泉水或田水浸入的地方，如（黄泥埂）竹山上，掘下之洞四方用石灰塞紧，不使竹根浸入，内用小缸，外套大缸，坚固安全，这不但使祖父遗骸舒适，即祖父阴灵亦含笑于九泉矣，绝不可安葬在有水浸入的地方至使遗骸毁坏为妙。对于风水龙脉都不足为奇的。古语有云，福人葬福地，福地葬福人，望双亲速宜筹划料妥，以了双亲及男等之心愿。关于本年还神愿一事，我想：双亲乃慈祥之人，遇事上能对得住天理，下能服从人心，既无害人之心，亦无欺人之举，可称功德无量矣，对于还神愿一事亦无须过于劳神费力，浪费大量金钱。贡香一事，此间更感昂贵，从邮局亦无法寄回，上次本想买药给祥弟，都因邮局不能寄回，因此，我亦无法办到，望双亲原谅。

我二人现仍居上海,身体如常,生活亦无困难,此间各物异常昂贵,即举数物即能证明:白米每担壹百零四元,油每斤壹元,肉每斤贰元四角,牛肉每斤贰元,鸡每斤叁元,蛋每元四只多,盐每元贰斤半,像湖北天字官布那样的布每尺八角,本地大贡纸每张六角,劈柴每元六、七斤。黄金每两六百余元。白银每两六元。余者各物按日上涨。即小青菜亦需一、二角壹斤不等。余言不尽后详告。

$\qquad$ 此祝

福安

$\qquad$ 华初慧中

并问各间各房户六亲朋友等都安好否,三妹全家亦须代为问候。

文立征

文立征(1911—1945),字国道,湖南衡山人。1938年加入中国共产党。曾任鲁南民众抗日自卫军副政训处长、八路军一一五师运河支队政治部主任、鲁南军区第一军分区政治部主任、鲁南军区第三军分区政委兼政治部主任、铁道游击队政委、鲁南军区第二军分区区委书记等职。1945年2月在滕县丁家党村开展工作时,因叛徒告密,遭敌人突然袭击,不幸壮烈牺牲,时年34岁。

偌大的华北已不允许安放一张平静的书桌了

(给弟弟的信①〔节录〕)

仲劲②:

"一二·九"后的两信不知都接到了没有?

现在北平仍很冷,但日间也有太阳,夜间有月亮,也未下雪。各校的溜冰场尚未建立,各公园的,多开幕了,我也想明后天去。

---

① 此信写于1935年12月18日。当时文立征在北平上大学。
② 仲劲:文立征的弟弟文立徽,字仲劲。

没有课上,除在图书馆外,晚上练吹口琴,今天又在同学家里学打字,我很想学会它将来大有用。

华北由"亲善"①而"提携"②,又由"提携"到了现局——分割③,铁的事实粉碎了我误信当局者的"自有办法"的心理。你瞧,偌大的华北已不允许安放一张平静的书桌了。"怒吼吧,中国!""一二·九"一炮早就响到了南方,想已有个相当的明白,现在要写的是前日(十六)的事:

——事先当局已闻悉十六日有第二次示威运动,故各校门与各街通衢加监戒备益严;

——学联会后,全市各校为四区路,上午在天坛前(天桥)集中,大集合后再进城示威游行。

我校晨八时由西城发动,经过两三度水龙警棒大刀奋抗后,中途与清华一部分(也是被冲散的)汇合,直达天桥。

十时过,先后奋斗,得到在场的大中学生将近万群众(听说各路在中途被冲散的可不少,也有些中学生被学校当局禁闭不能出来的),悲壮勃勃的气焰紧压了全空。草草开过市民大会后,大集体的列队(臂挽臂四人一连)回头欲从前门入城大示威。这时集体扩大到里多路长,气力愈觉雄伟了。久久沉闷的压在心头快要炸裂的悲愤与积怨,现在变成呐喊了,平时不能谈论的现在血似的写在宣言纸上了,我们雄视一切,我们痛快,我们感觉华北仍是中国人的。

到了前门,即受"绝不准入城"的阻止,数度和平开导与交涉都无效,只有冲锋与肉搏了。我们的武器自然是肉和血。

---

① 亲善:日本帝国主义在侵华战争中大肆宣传所谓"日中亲善"。
② 提携:又叫"经济提携"。是日本帝国主义在侵华战争中所常用的口号。
③ 分割:日本帝国主义在侵华战争中,政治上采取"以华治华"、"分而治之"的政策。

对方的,初是水龙,水龙不足用,继之以棒、皮鞭、刺刀、大刀背,于是流血开始了;还不足用,第一排枪声向天响了。群众当时不知这是友邦宪兵放的,还是中国爱国警兵发的,故暂时退让了一下,后知是中警所发,又即刻齐集前进。第二、第三排枪继续的威压了,同时大刀、警枪、警队车车的压来,机关枪排列更多了,但群众不再一惊动。这时他们见最后法宝也弹压无效,只好与我们请和,允大队从宣武门进城,我们也只得改路了。

途中在西河沿又小冲一次。约二时许离前门,四时抵宣武门。到时知是被骗了,因为城门是同样的关了。

燕京①又受骗,先离了大队(开城以解散大队为条件),后来清华也为策略先走了。

"各人走不各人走?""不走!""等不等?""等!"这是我们大家自己的回答。

这时东大、师大、辅大、北大、汇文等校四万多人在大风深寒里,城门外直等到十时多。最后大队欲集中师大。走不到半里在骡马市大街又与水龙、大刀、刺刀大激战数合,此时因人马太疲,又肚子饿,只好疏开,各向师大奔来。到了师大点兵,轻重伤的占五分之三、四。我们坐本校慰劳队的汽车回营了。

在汽车中沉默无语,因有一个悲欢壮烈的回忆盘驻了脑子:宣武门外时有一清华女同学因偷城(她从城门下匍匐穿过,刚起铁闩时被警发现)被捕毒打回来……

十余小商贩走来慰劳我们大队,话与表情都使我们哭笑不得,强烈的呈示一种爱国热。慰劳品是窝窝头、烧饼、芝麻

---

① 燕京:指燕京大学。

糖、哈德门香烟……都是由几十枚数十枚的集合而买来的。我们从早饿了整天,冻了半夜,这时觉得从来没吃过如此味好烧饼,抽烟的同学也疑心他们现在是吃的白金龙呢。这是另一种力量。请莫比较吧:爱国的中国警兵给我们的是皮鞭、刺刀、大刀背(还似乎也有点良心)……口号是:"你们干吗?"这次又见接受类似中国人着便衣的指挥。他们先日受宋司令的赏钱(三、四元不等)真是应该的。当那民众慰劳团来的时候,市民围进来看的更多,我们借此做了个好的真切的宣传,还与他们同叫了几个口号。请莫比较吧!起初我还疑心这般小贩们是汉奸或浪人走来捣乱我们大队的,不能说我们没有理由的根据的。……

这次参加人数比第一次多五倍,气势大十倍,流血重十倍——大约轻伤者数百,重伤者数十(致命的在内)现尚无确实数字。现仍继续罢课。学联但反对学校提前放假。瞧,第三炮。

还有件事值得说的,当我们出发时,有位国际新闻社记者Mr. George Kainukov(乔治·凯诺可夫先生)从辅仁经过,得他许可与我校两同学携camera(照像机)乘汽车在各路与前门一带摄取影片,并允即运欧美。

……

沈尔七

沈尔七(1914—1941),原名沈庆炬,福建晋江人,中国共产党党员。1930年到菲律宾工作和学习。"九·一八"事变后,积极投身抗日救亡运动。1938年初,率领由华侨组成的"菲律宾华侨抗日义勇队"回国参战,编入张鼎丞、邓子恢等领导的新四军二支队。以后,他为筹集资金,支援前线,受党的派遣三次出国。1941年在广东东江地区,与敌人激战中壮烈牺牲,时年27岁。

勿怪儿之不肖

(给母亲的信①)

慈母亲:

来信敬悉,儿平安,勿念。

儿为了革命——抗日救国,多年未寄分文到家,致母亲生活更苦,心殊不安。惟今如不抗日救国,民众将永无翻身之日,故儿愿牺牲一切奋斗到底。"家中甚然困苦",不言〔可〕知,望母亲能以儿为光明事业努力,勿怪儿之不肖,安心教养

---

① 此信写于1938年。

弟弟。致联溪叔与天渊之信，顺便夹上，乞即设法交予。父亲抵厦，待厦门战事结束后，当即修禀问安，并催促其从速回家一视，祈勿介虑。以后凡关于吾乡征收各种捐税，均各告以儿已回国投效，请其准免征收。

  此致敬请
康安

儿沈尔七叩禀
五月十七日

林　达

林达(1914—1947)，原名有璋，上海南汇人。1938年参加革命，1940年加入中国共产党。1941年奉命赴浙东慈溪、余姚等县开辟抗日根据地，任新四军浙东纵队支队长、政委等职。解放战争时期，任华东野战军一纵队九团团长、政委。1947年7月，在鲁南邹县一带遭敌机袭击而牺牲，时年33岁。

内战风云到处密布

（给小妹的信）

小妹：

家中与有用好久不来信了，你那里有没有信，大概顽固派在济南扣留了我们很多信的缘故。内战风云到处密布，苏北到上海的交通可能也受到影响了吧！如果有用东西寄到你那里，有没有便人可带，你到〔时〕和姜杰同志商量一下，叫有用送十万块老币来用，因山东小米生活需要调济一下，钱到你那里后，可由邮局寄来，但这事可能很费周折，如不可能也不必多费心思。你们"建大"搬到临沂，为什么你还在淮阴呢？来信仍寄原址　祝

好

　　　　　　　　　　　　　　　　兄　璋手字
　　　　　　　　　　　　　　　　46年5.22.

姜杰同志来信已收到,请代候

何功伟

何功伟(1915—1941),又名何彬、何斌,湖北咸宁人。1935年在湖北参加"一二·九"运动,被国民党通缉。后去上海,于次年加入中国共产党,参加全国学联工作。1937年到武汉,历任中共湖北省委委员、省农委委员、武昌区委书记、鄂南特委书记、湘鄂西区委宣传部长等职。1940年8月,任中共鄂西特委书记,创建了鄂南游击队。1941年因叛徒出卖,被捕入狱。1941年11月17日被杀害于恩施,时年26岁。

岂能背弃真理出卖人格以苟全身家性命

(给父亲的遗书①)

儿不肖,连年远游,既未能承欢膝下,复不克分持家计。只冀抗战胜利,返里有期,河山还我之日,即天伦叙乐之时。迩来国际形势好转,敌人力量分散,使再益之以四万万人之团结奋斗,最后胜利当不在远,不幸党派摩擦,愈演愈烈。敌人

---

① 此信写于1941年。何功伟入狱后,敌人将其父召来劝降。这时何功伟给父亲写下了这份遗书。

汉奸复从而构煽之，内战烽火，似将燎原，亡国危机，迫在眉睫，"此敌人汉奸之所喜，而仁人志士之所忧"（张一麐①先生语）。新四军事件②发生之日，儿正卧病乡间。噩耗传来，欲哭无泪。孰料元月二十日，儿突被当局拘捕，锒铛入狱，几经审讯，始知系因为共产党人而构陷入罪。当局正促儿"转变"，或无意必欲置之于死，然按诸宁死不屈之义，儿除慷慨就死外，绝无他途可循。为天地存正气，为个人全人格，成仁取义，此正其时。行见汨罗江中，水声悲咽；风波亭上，冤气冲天。儿蝼蚁之命，死何足惜！唯内乱若果扩大，抗战必难坚持，四十余月之抗战业迹，宁能隳于一旦！百万将士之热血头颅，忍作无谓牺牲！睹此危局，死后实难瞑目耳！

微闻当局已电召大人来施，意在挟大人以屈儿，当局以"仁至义尽"之态度，千方百计促儿"转向"，用心亦良苦矣。而奈儿献身真理，早具决心，苟义之所在，纵刀锯斧钺加颈项，父母兄弟环泣于前，此心亦万不可动，此志亦万不可移。盖天下有最丰富之感情者，必更有最坚强之理智也。谚云："知子莫若父。"大人爱儿最切，知儿亦最深。曩年两广事变③发生之时，正敌人增兵华北之后，儿为和平团结，一致抗日而奔走号泣，废寝忘餐，为当局所不谅。大人常戒儿明哲保身。儿激于义愤，以为家国不能并顾，忠孝不能两全，始终未遵严命。大人于失望之余，曾向诸亲友叹曰："此儿太痴，似欲将中华民

---

① 张一麐（lín 音麟）：江苏省吴县人。前清举人。辛亥革命时，赞助革命事业。抗战爆发后，积极主张团结抗战，实行民主，出任国民参政员。

② 新四军事件：即皖南事变。

③ 两广事变：又叫"六一事变"。1936年6月1日，国民党广东军阀陈济棠和广西军阀李宗仁、白崇禧，以北上抗日为名发表通电，企图出兵争夺南京国民党政权。7月，在蒋介石的收买下，陈济棠部下军长余汉谋等通电拥蒋，陈被迫下台，李、白向蒋妥协。

国荷于其一人肩上者!"往事如此,记忆犹新,夫昔年既未因严命而中止救国工作,今日又岂能背弃真理出卖人格以苟全身家性命?儿丹心耿耿,大人必烛照无遗。若大人果应召来施①,天寒路远,此时千里跋涉,怀满腔忧虑而来;他日携儿尸骸,抱无穷悲痛而去。徒劳往返,于事奚益?大人年愈〔逾〕半百,又何以堪此?是徒令儿心碎,而益增儿不孝之罪而已。

儿七岁失恃,大人抚之养之,教之育之,一身兼尽严父与慈母之责。恩山德海,未报万一,今后,亲老弱弟,侍养无人。不孝之罪,实无可逃。然儿为尽大孝于天下无数万人之父母而牺牲一切,致不能事亲养老,终其天年,苦衷所在,良非得已。惟恳大人移所以爱儿者以爱天下无数万人之儿女,以爱抗战死难烈士之遗孤,以爱流离失所无家可归之难童,庶几儿之冤死或正足以显示大人之慈祥伟大。且也,民族危机,固极严重,然在强敌深入国境之今日,除少数汉奸败类,自外于抗战营垒;在抗战建国纲领之政治基础上,我精诚团结之民族阵线,必能战胜一切挑拨离间之阴谋。胜利之路,纵极曲折,但终必导入新民主主义新中国之乐园,此则为儿所深信不疑者也。将来国旗东指之日,大人正可以结束数年来之难民生涯,欣率诸弟妹,重返故乡,安居乐业以娱晚景。今日虽蒙失子之痛,苟瞻念光明前途,亦大可破涕为笑也。

不孝儿功伟狱中跪禀
三十年二月十九日

---

① 施:指湖北恩施。

潘琰

潘琰(1915—1945)，女，江苏徐州人。1939年加入中国共产党。积极从事学运工作。1943年考入昆明西南联合大学，1945年11月25日，联大等四所大学召开时事晚会，遭到国民党镇压。次日，潘琰与同学们走上街头向群众讲演，揭露国民党罪行。12月1日中午，潘琰与学生们宣传回来，听说特务冲进了校门，便带头冲了出去，不幸中弹牺牲，时年30岁。

读书要像细雨一样，一点一滴的浸入

（给弟弟妹妹的信①〔节录〕）

亲爱的弟弟妹妹：

我现在以极愉快的心情给你们写这一封信……

琛弟什么时候进的中学，那真好极了。你写的信很好，只是别字多一点，多留心更好了，你现在对哪门功课有兴趣？哪一门功课比较有把握而在平时考的好一点呢？我仿佛觉得你喜欢运动似的，是不是这个样子？身体是重要的，我一直到现在还喜欢运动，下课无事就打鸡毛球，我不也就是欢不欢喜这

---

① 此信写于1945年。

个玩意,读书和玩的兴趣在我是平等的。晓得你说我对读书的兴趣也很浓厚的,我希望你们都如此。至于读书方面的问题,我可以给你谈谈。

读书要像细雨一样,一点一滴的浸入。这绝不是像今天读,明天不读,考试的时候开夜车,考过了就把书一丢,这样永远也得不到什么。

首先要养成读书的习惯,只要有闲暇,就要看书。这个我可以告诉你,我们这儿就是这样的。在早上等吃豆浆的时候,多少人随身都带了一点书或报纸、杂志,豆浆没有好,都低了头在看书。下了课,坐在草地晒太阳也在看书。……总之,只要有了空就看书。然而这绝不是有人督促或者为了考试。这看书都是出于自心的。虽然说是一分一秒的时间,这若干的一分一秒,聚集起来也实在可观了!

至于说到看什么书,我以为课内的书要看,课外的书也要看,报纸杂志也要看,不过看的时候要多想,不要莫名其妙的看过去就算了,最好做笔记。现在就试试看,待我们见面了再细谈。

……

在一年前就听说先妹不上学了,不过我对你的读书,在形式上说(不管在校或在家中自修)无多大意见,其实都一样,若以来去的劳苦一点来说,勿宁还好一点。然而在家中是一定有几个条件的。第一是恒心,第二要有耐性。让我好好的解释给你听。为什么要有恒心——人都是爱懒的,非要有个督促不可。在学校中,当然是不用说,各科有各科的先生,同时有月考、大考,你不能不用心。不想读,为了预备考试,为了得60分,也得皱着眉头看下去。可是在家中就不同了。看不看在你自己,没有先生来督促你,没有月考、大考来逼着你,一切都在你自己。如果没有恒心的话,那什么都完了。还有一点是自修时可能困难更多,有了困难无人请教,找不出解答,那更苦恼了,所以非要耐性不可!

　　自修固然是不容易,若真的能安心下去,他可以得到的效果,确比在学校中的成效还大得多。在学校中第一不管你喜欢不喜欢的功课都要读,起码要读及格。至于自修就是单看你性情相近的那一科了。这在时间上是非常经济的。你用不到把时间用在你不高兴的东西上。我劝〔愿〕意帮助你,希望你能提出你的读书的问题来。
握手
　　问候惠妹

姊　琰草 10.28

林基路

林基路(1916—1943),原名林为梁,广东台山人。1933年加入中国共产主义青年团。1935年加入中国共产党,后被派往日本领导中国留学生运动。1937年回国赴延安参加抗日战争,次年被党派往新疆工作,任新疆学院教务长、库车县县长等职。1942年9月被新疆军阀盛世才逮捕。1943年9月27日在迪化(今乌鲁木齐)被害,时年27岁。

忠于社会者必逆于父母

(给父亲的信①)

父亲大人膝下,敬禀者:

从阴棠兄处诸多恳求,始得见手谕,三读之下,痛楚万分。

青年人谁无感情,庸碌者用于私,而优卓者用于公耳。儿虽不敏,目击社会现实情形,能无动于中〔衷〕乎?年来读社会科学书,对社会病原及改造之方,颇多理解,证以事实,益增信

---

① 此信1933年2月17日写于上海。当时,林基路因参加中国反帝大同盟的活动,遭白俄巡捕逮捕关押,三个月后被保释。其父来信劝告他放弃革命活动,他给父亲写了这封信。

心。且儿生性刚强，意志坚决，素不喜因人成事，勇往直前，尽己所能尽，乃我职志。儿意以为此身能公诸社会，个人痛苦，非所敢计。

英雄常见于乱世，而人间一切悲剧亦未有不于此时上演殆遍者。儿志愿忠于人群，岂不愿孝于父母？而事实证明：忠于社会者必逆于父母，忠孝难全，奈何？奈何？以儿意志之坚决，戮力于社会工作，不患壮志不酬，而高年父母，即以"吾心已碎，吾胆已寒"诉，人非木石，孰不伤怀？天乎，何不生我为蠢笨之豕儿，而偏生我为万物之灵之人类？何不生我为俗世蠢子，而偏赋我满腔热血，一场壮志？幸乎？不幸乎？社会事情不可袖手，而父母恩情岂可抛置？

虽然，儿年仍轻，来日方长，效力于社会人群之机会正多也。故目前决脱离一切团体关系，不参与任何活动。① 此后将悉如严训，专心于文史之攻读。新书籍除关于文学者外，其他一切政治经济书籍亦将尽可能的不读，将时间用于攻读外国文学之用。

离家不久，屡恙。亲忧，殊感不安。此后对个人言行，将倍加检点，免生意外，俾纾亲心。敬乞勿常远虑！

家中被窃，想或由门户疏忽之故。天面铁门朝开而晚不关，是老大破绽处，而我家出入人口复杂，一不留心，最易上当。望甥仆妇人等此后加意防范，当不致有意外事发。不知上下人等平安否？念甚！损失虽重，然若各人平安，亦足聊慰远怀也。

---

① "故目前决脱离一切团体关系，不参与任何活动"：此话是为安慰其父所写。

前托李书平兄带上孩衣及玩具收到否？
谨候　健康

儿
为梁谨禀

李育才

李育才(1916—1946),陕西澄城人。1937年在山西参加八路军,同年加入中国共产党。历任班长、连长、副营长等职。1941年12月不幸被日军俘虏,送往东北做劳工,受尽折磨。1942年9月逃离东北。1943年回到晋西北抗日根据地,在八路军某部任团参谋长。1946年7月间带兵与阎锡山三个团的兵力在太原、汾水作战,壮烈牺牲,时年30岁。

今年是黎明前的黑暗

(给父母亲的信①〔节录〕)

父母亲:

记得去年阳历九月在东北接到家中一信,我那时是在难中,是给我们的敌人——日本帝国主义者作工。但当时由于数年未写家信也不知家中之情形,接到信后是如何的高幸〔兴〕啊!但是不管怎样是环境之不同,精神不快,故而不能将详情禀明,只写了一封简单的回信。

现在不同了,那时离家四千余里,今天已不上一千了。那

---

① 此信写于1943年。

时给敌人作工,今天又继续为中华民族、为革命服务了。那时生活不自由,经常受气,现在呢?已完全进了自由幸福快乐的场所,回到了我一年前的岗位。儿很想念您们,想念家中及故乡之一切。但是民族革命尚未成功,敌人还占着我们许多土地,需要把他赶出去,求得全国人民之自由,国家之独立。因此还得继续努力,以完成中华民族之伟大任务。这样你儿就不能先回家,在国家方面,应赶走日寇,在个人方面,应弄个样子,有了眉毛〔目〕。正因此,今特写这封家信安慰伯①和娘及家中所惦念儿之诸人,以免今后日夜不安,为儿担心。另外也要简单的报明近六年来之个人史及被俘脱出诸情形。

离家后到今天已整整的六年零一个月了,无时无刻不惦念。

伯、娘,儿望您们身体永远的健康,事事都无一不如意,那才是儿之幸福。并望信告儿家中及故乡之一切情形。望替儿问候诸位叔父、叔母及姐姐弟妹,也叫他们放心。并问诸舅父、舅母及各亲戚,我祝他们身体健康。主要替儿向五爷面前请安。

民国二十六年离家,经十七师后,九月在太原参加少年先锋队。1938年1月任副班长,5月任班长,那时和敌人战斗在襄陵、汾城,8月任政治工作员。第二年10月即任连长,率百五十人与敌转战年余,也打了许多胜仗,也捉过日本人,也和日本人拼过刺刀。当然儿也遭遇过危险,曾有一次子弹打通了鞋底和袜底,没有伤着肉。1941年8月又升任副营长,与敌人转战在汾阳、文水、交城及太原。不幸于12月被敌人捉住,主要因当时未跟队伍,一人远离,枪又坏了,跟的几个人都被

---

① 伯:陕西、山西一带地方称父亲为伯。

敌人打死捉去,从此就受上生来所未受过的罪了。在汾阳坐了七天监狱,到太原坐了一月监狱就送到东北作了工,三一年八月就跑出来了,带了二十余人,跑了一千多里,到山海关又叫捉住,坐了十天监狱又送回去,才接到了家信,马上给家写了回信,又开始第二次脱逃,9月14号有同志们的帮助,坐汽车到奉天,又碰着两个同志,又帮助了二十余元,坐火车到了天津,下车后到咱们的冀中敌后抗日游击根据地,找到了我们自己的队伍——八路军,这才算是受尽了千辛万苦,经过了许多危险,回到了自己祖国的战场。从头年12月被俘到第二年9月跑出,共计九个月,受了很多辛苦。但是还算不幸中之一幸,到处都得到同志朋友之帮助,刚捉住,一块被捉的当然是我们的战士同志,对我一定很好,有了吃的他们不吃也得拿给我,大衣他们不盖也让我盖,那样好我心如何能下去?最后是有福有罪都是大家的事了。最好的是不管敌人怎样打问,他们总不露一句真言,使敌弄不清我是干部,他以为我也是个战士,因而才有今天的命在。在东北同样也是到处得到同志们的帮助,59团供给主任任学恭同志帮助了十元,又给买药吃;212旅指导员丁鳌同志给帮助十余元;59团政治指导员雍千钧同志也给帮助过二十余元。总而言之,到处都有干部战士给帮忙,所以受的罪还不算甚大,这真是不幸中之万幸,从此就自由了。

接着咱们的八路军就一节一节把我向回送了(晋西北)。从冀中军区送过平汉铁路,(在保定)到了咱们的晋察冀边区,又派兵护送过正太铁路,到了敌后抗日游击根据地晋冀鲁豫边区太行军区,11月走到了八路军总司令部,才决定我回原来的部队。又送过白晋铁路,到了太岳军区,又送过同蒲铁路,到了晋西北抗日根据地,回到了八分区原来自己的部队。

在这一路上虽然辛辛苦苦走了二千里路，但是，一路之上都是八路军，过敌占区有队伍护送，平常走路又给发路费（粮票、菜金），发鞋袜，还给发衣服，所以又不受冷又不受饿，而且还在所过的地方在部队中都是以肉饭相待，一下子吃的我发了胖，身体也非常好，望勿惦念！

以上这是六年来的简单情形，由此就可了解你儿了。现在分配到五支队司令部任参谋之职，一切都很好，望勿惦念！

儿究竟什么时候回家呢？在堂前尽孝呢？这是家中最需要我答复的问题，很简单，抗战胜利了，日本鬼子赶出去，坐汽车火车回家。什么时候才能打走日本鬼子呢？又是一个需要答复的问题，很快，今年是黎明前的黑暗，也就是抗战最后的一年，求得胜利的一年，顶远顶多明年春天日本人就完全可以打出去，这是很有把握的，因为国际上苏联打垮了德意，国内敌人所占的地方到处都有八路军，有抗日根据地，敌人只占了些铁路和汽〔公〕路，及大城市，那末你儿明年春天或夏天就可以回家了，只有一年，望耐心一点。六年已过去了何在一年呢？那时节天下太平，父子团圆，你看多高幸〔兴〕啊！……专此敬请

福安

男：育才叩禀

阳历三月二十号　阴历二月十五日

来信至：山西晋西北军区第八军分区五支队交李复才即可。或交山西交城第五支队交我也可。

并祝

全家大小均安

许晓轩

许晓轩(1916—1949),江苏江都人。1938年加入中国共产党。1939年春在重庆,以中华职业教育社会计为掩护,任中共川东特委青委宣传部长,兼《青年生活》杂志发行人。后调任重庆新市区区委委员。1940年4月被反动派逮捕,囚禁在贵州息烽和白公馆集中营,历时九年。在狱中,他坚持同敌人进行斗争,是狱中党支部负责人。1949年11月27日殉难,时年33岁。

需要读些社会科学方面的书

(给三妹的信[①])

三妹:

一日的信早就收到,因为懒吧,一直未复信。

十七日我回家去,昨天刚来重庆。几次警报都算未尝着壕内滋味。

上次说过的《子夜》今天寄给你。这书很好,虽然故事旧

[①] 此信是1939年12月,许晓轩在重庆中华职工教育社写给其三妹许永清的。

了些，不适合目前环境。但是它还是可以告诉你一些中国社会里各种代表人物：工人、老板、革命青年、乡下土劣、诗人教授、少爷、小姐……是怎样在过生活。从这里可以看出中国社会是怎样组成的。中国的厂主是怎样一方面走到买卖的路上去，一方面帮助洋人来压迫自己人。中国的工人是怎样的在双层——国内和国外的压迫下生活着。中国的农村是怎样在穷下去。而都市又是怎样的在畸形发展。这是一幅半殖民地的写生画。它是"九一八"以前中国社会的艺术描写，读起既不生硬、枯燥，而又实〔深〕刻。读了它虽不能了瞭整个中国——尤其是抗战以来的情形，但是对于了瞭中国社会的本质有很大帮助。当然在这书里还只是具体的生动的告诉你一些事物。而这些事物——公债投机与农村破产的原因是从何而来，在这书里虽也有些提到，（？）但是靠这本书是不够的。要懂得社会发展的规律——事物发展的来原〔源〕，需要读些社会科学方面的书。关于中国问题，有两本书可读：一、中国怎样降到半殖民地的，二、中国近代革命运动史，这两书我都有，以后可寄给你。

中华职教社是一个办职业教育的社团，过去只在上海办事业，抗战后迁来重庆，并在桂林、昆明、贵阳等处设办事处。除了在重庆办了一个职业学校以外，各地都办职业介绍，补习教育，社会服务等事业。我现在总办事部担任会计工作。因为事情空，故兼帮做社会服务工作。进社来偏重于整理旧帐，别的工作还未开始。在此生活很上轨道，很好。

有空长通信！
即祝
学安

兄轩

十二、廿一晚

家中人都好

母亲身体近来很好,饭量亦好。

我已经历得多,什么都无所谓了

(狱中给哥哥的信①)

半月前曾分别寄渝申新章剑慧先生转施之铨先生转锡铁樵兄及京张、震国先生处三信,不知收到否?信内曾分别请寄款及留交款,现在如还未办,都请不必办吧,因为人事又有变动了。

几年来想到你的时候,总觉你是一个善良的兄长。虽则我们之间隔开一段距离,但这是另一方面的事,就手足之谊来说,我是很觉内疚的。记得逃警报②的时候你的两句诗是"货殖③为求慈母喜,时难倍觉弟兄亲",当时我读了竟仍懵然,现在才体会到你的心情,也才了解到自己的稚气。

想到母亲,我也很觉有罪,当时我偶而回家,总是淡然的,记得母亲说过我是"哑吧〔巴〕",真是的,为什么我不能体念到老人家的心情呢?这自然是时代的距离,可是对于伟大的母爱,竟能这样淡然忘之吗?想来想去,我觉这仍是由于稚气所致(这决非想掩饰,确系实情,至少是此时作如此想法)。此外我还检讨出我从父母继承到的性格。从父亲那里继承到了淡

---

① 此信1941年写于狱中。
② 逃警报:抗日战争时期,日军飞机经常轰炸重庆,一遇轰炸,全城就响起空袭警报,人们四处逃避。
③ 货殖:做生意赚钱。

泊和大度，从母亲那里继承到了扶弱抗强，这些在后来我走的道路上都曾起过积极作用的，也可说是二老给我的宝贵产业，我会好好保存和发扬它的。

现在我没有什么可以安慰母亲了，说我还活着吗？然而何时可以回家呢？想来还不如不提起，也许可以省掉一番伤心吧。今后还请你继续替我多尽一些责任，衷心感谢你！

我和华①相处几年，始终未能好好体谅她过，没有帮助她，慰藉她，而总是冰冷和又有不决绝的样子，虽则基本的成因不在我（当然更不能责她），但以我们之间的处境，学力，等等来说，我也应该负起没有积极主动地设法改善我们的生活的责任来，从而我也应对她致衷心的歉意。

现在我有三点意见要对她说——这是几年来的私心，总没有机会吐露出来，现在所以写了一封信又写一封，也是恐怕信有遗失，不易达到她手的原故。我的意见是这样的：(1)我无归期，请她早作打算，不必呆等。说起来似乎很不适合，其实是很合理的，尽这样等下去，到何时是了呢？固然办起来是不容易的，所以我又想到第(2)希望她能找点无论什么事做做，从此走出家庭，并谋自立。（孩子请嫂嫂或诚姊代照顾一下。）如果她愿意而又能够设法到我的老友们那里去找事做去，那就更好了。(3)新(馨)儿②长大务必送到我的老友们处去教育。这三点希望全家人帮助她，说服和开导她，我衷心感激你们！

清姊的婚事后来如何解决的呢？提起这事我就很难受，我愿这事已经完满解决，那么就可减低我的"遗憾"了。

---

① 华：许晓轩的妻子。
② 新(馨)儿：即许德馨，许晓轩的女儿。

家里其他人的情形不明了,也无话可说,只望大家生活得好,有发展,不必记挂我。我已经历得多,什么都无所谓了。侄儿们有书可读固好,否则也应早点各自奔前程。

目前我身体还很好,生活也不差。除夕偶尔诌成了一首七律,附抄在这里也可见心情一斑。"不悲身世不思乡,百结愁成铁石肠,止水生涯无节日,强颜欢笑满歌场,追寻旧事伤亡友,向往新生梦北疆,慰罢愁人情未已,低徊哦诵'惯于'章"。(惯于章:鲁迅先生诗"惯于长夜过春时"。)

请于收信后在四月一日,十五日,或五月一日起(看那天来得及)登渝中央和平报一周,其式如下:"严辰华弟,自汝离家已经数载,老母……汝妻……望速来信×××处转　兄泰贤。"

假如时势转好可请酌情况向樵兄请托一次,能从侍从室方面着手,或有办法。(弟现仍在军统)又听说庄明笙先生与此间当局关系甚好,则职教社方面或能转托。能可获得通讯的允许也方便不少。当然这些也许都是空想,本来不过聊借一说,望根据外面情形处理,总之不必勉强,尤其再不要发生不如意事。

昨晚匆促草成一信已寄交铁樵兄处,内容与此相仿,不过此时幸得机会,写得较为详尽耳。

即祝

母亲暨家人均康健

弟安①上　三、七。

---

① 安:许晓轩的别名。

冯和兰

冯和兰(1917—1947)，女，浙江鄞县人。1939年加入中国共产党，以教书为掩护从事地下工作。1947年4月12日，因中共四明地委工委交通站遭敌人破坏而不幸被捕。捕前，曾机警吞下情报，并巧妙地发出信号，使其他同志免遭不幸。同年11月5日，在宁波江北岸草马路就义，时年30岁。

活着一天就会有一天的希望

（狱中给姐姐的信①）

阿姐：

　　来信收到了，甚慰！没有经过组长检查，执事先生递给我了，所以这封信也只得偷偷地寄出。近来物价飞张〔涨〕，币值大跌，影响我的营养，请你写信告知三哥，款已告罄，谅他们总也知道耳！

　　你在原处任教甚慰，小敏姆妈仍在原地方任教吗？春假里你家失窃，究竟东西有否损失，这是日夜记着中，我在这里承几位执事先生厚待，请你们千万放心！尤其是父母亲，请你

---

① 此信写于1947年10月11日。当时，冯和兰被关押在浙江陆军监狱。

及妹妹安慰老人家,此刻我是无能为力,唯一的祷告你们健康就是我的安慰哩!

只要能活着一天就会有一天的希望,希望滋润了狱中枯竭了的生命,虽然这盏希望的明灯,是如此地微弱的光线,保定在今朝,在明晚,会被突然的吹熄!

许多人生前刻苦修行,为的是怕入可怕的地狱,其实能够入地狱的人还是幸运的,因为佛云:"我不入地狱谁入地狱",为了千百万苦难众生,挺身而步入地狱,佛是何等伟大的行动。好多难友对监狱生活是满腹牢骚,这是只有暴露了自己的天真与幼稚,地狱本来是黑暗的,整日怨天尤人,苛刻些讲,只是阿Q精神的复活,无言的沉默才是最大的咒诅。

六个月来,同情是囚禁生活的最大安慰,虽然我们是可怕的红帽子,但难友们十九是同情我的,除了谢谢他们外,也证明了时代是进步的,说得太多了,你会厌烦的,就此匆匆搁笔!

下次来信仍不要说来信收到。你这封信写得很好,我可知道你仍在所处任教!阿山为何写墨笔字啦!以他年纪应该用硬〔笔〕较好!此复祝好

妹
十月十一日

每一回忆都成了心海沉重尖锐的创痕

(狱中给妹妹的信①)

妹妹:

阔别半载岂仅三秋之感,尤其身入囹圄,度日如年,更会

---

① 此信1947年10月19日写于杭州浙江陆军监狱,后托人秘密带出。

想到家。人非木石，岂能无感！你是我值得惦记的一个，因为父母之希望完全寄托在你的身上，你的身体又是多么孱弱呀！尤其是足疾是否时患，无时不在记挂中，你整天倒〔到〕晚忙着英文数学，课余时应该多作运动，盼不要做书本的牛马，保重身体吧！

我想当你下夜课，在上床的一刹那，彼时在你脑海里定会想着小姐如何地受着人间地狱的折磨。而我呢？在这里唯一的自由——想，尤其在中秋的晚上，"月到中秋分外明，时逢佳节倍思亲"，中秋应该是团圆的象征，但对狱中的犯人，中秋佳节这是残酷的讽刺呀！

日来细雨连绵，真有秋风秋雨愁煞人之慨感！"秋到人间格外愁"，时序变换徒然增添了愁思，囚犯本来是每天过着秋天多愁的生活，现在真的秋气肃杀的秋天，莫明的悲哀会无情的袭来，秋给我带来无尽的往事，回忆没有一幕不是甜蜜的，但如今身在井天，每一回忆都成了心海沉重尖锐的创痕，不可磨灭的创痕多是苦痛的结晶，朋友、家人个个映现在我的眼帘，唉！从此只能在回忆里见到他们哩！

至于我的前途或许是"山穷水尽疑无路，花明柳暗又一村"，如向最坏发展，那亦是"人生自古谁无死，留取丹心照汗青。"

不过活着一天，就会有一天的希望，希望滋润了狱中枯竭的生活，虽然这盏希望的明灯光线是多么细弱呀！保不住今朝，明晚会突然的吹熄！妹！以上一切不过是久静思动，发发牢骚而已，千万别告知父母，知道了，他们会如何的悲哀与何〔伤〕感呢！就此匆匆草此　祝好

此信托要人寄出！

小姐和兰上
十月十九日

何柏梁

何柏梁(1917—1949),四川重庆人。1938年加入中国共产党。1941年毕业于复旦大学经济系,进复兴公司工作。1946年,奉党的指示,在重庆开设安生公司并担任经理,暗中从事党的经济、联络工作。1949年1月因叛徒出卖被捕。11月27日牺牲于渣滓洞,时年32岁。

要以万忍的耐心候黎明

(就义前的四封家书①〔节录〕)

由T②带转六日第四号、及八日第五号……这两号信都看到了吗?

四天来,这里官方人员③连日会议防范办法,并在他们自己之间谈出安顿家眷的问题。加以传说独山一度紧张的消息,他们喂的私房猪都迁移或早售了。我们则每天关在房里吃饭睡觉看书。八日大检查时紧张了一天,余者只有瞎猜乱

---

① 这几封给家人的信都写于1949年11月。是写成便条,分别通过两个看守,一个狱医送出狱外的。
② T:为看守的代号。
③ 官方人员:指监狱的国民党工作人员。

谈了。

我们渴望比较正确的资料,从他们①口里也难掏出什么来。一则他们是被四天来紧张会议和命令限制,不休班是不能出大门,和我们一样被关起来;二则他们也从无见闻到消息的机会,与具结不得泄露丝毫。即使有点报纸,也看不出什么东西。所以我们希望在宁静沉寂中,有不断的正确报道。这些有系统的资料,只要大概精要就够了。

T四天可轮到回家一次,D②则可以两三天一见面,只要他进来看我们。如果有机会,本周末通知他来会你好了。

今天法官来,似乎带了名册,在和这里的人对看。难道真准备转移一批人走了吗③？这些事只望D打听了告诉我们。他和副处长杨麻子、主任法官张眼镜的私交很好,必可知道一些东西,就是对这里的人的政策和办法怎样。

对于目前西南大局,是否已下了总攻令？张为什么坚辞,和李④到昆明去做什么？何应钦来了吗？将做什么？是否张、李合流抗蒋？和爪牙王、杨⑤,川局的演变,熊⑥等态度怎样？至于军事发展,在川鄂、川陕、川湘及湘黔、桂黔等区,确在那些据点？以上都是最现实精要的问题。

关于T,也因被吹得恐怖,要求代他设法安顿家眷。他太太是江津人,曾在豫丰纱厂做工,现在急于想进去,但无机会,因此我想请你……设法介绍去。这件事在他们想来,不得不

---

① 他们:指狱内特务分子。
② D:为狱医的代号。
③ 指枪决。
④ 张为张群,李为李宗仁。
⑤ 王为四川省主席王陵基,杨为重庆市长杨森。
⑥ 熊:指熊克武。

顾虑到;我们也应当使他们少耽这层心事。总之,把他们问题解决了,还要安他们的心,把一切毒素宣传和恐惧病扫除光。并且要他们在这时候要特别小心,而且暗地尽力帮助我们、保护我们,正是他们立功劳的时候了。要是 D 的太太职业解决了,也可以使他们新婚夫妇安心。

另外,请交 T 带一锭墨来,笔可以不要了。

还有,我有一个奇怪请求,要是我们有平安自由出去的机会时,请以送一根领带来作记号。

要是七哥他们到了乡下,请代致欢迎的诚意!附托 T 带出英文文法和俄文摘记。

——十一、十一。

今天第一批提出十人[①],现又开第二批十人及第三批,今天一共二十七人……

关于 D,今天来看病……因为官方人员都在准备疏散家眷,不妨安定他们,并且劝慰他们。他的离开,当然对我们有损失,能留一天算一天了。他太太职业,可借此多联络。主要探听二处动向和政策。

关于我的出去,对公司说,只要保证生命无险,就不必活动,反引注意。如再有条件出去,那太无价值了[②],静心等候解放好了。请你也安心,不要焦急吧。要以万忍的耐心候黎明。

——十四日。

请明天午后进城……送信带物。如江小姐[③]有信,请即带

---

① 指提出去枪决。
② 有条件出去:指写"悔过书"等。
③ 江小姐:指江竹筠。

回。至于见民兄①来乡时更好,将昨天带留舅家之英汉字典照买一本旧的②。如无同样的,就形式大小和名称相仿买一本来。决定请他在二十二日等在原地方,候 T 来拿,也请他酌给途资。以后每个星期二他也可到小梁子来走一次。你如不可能到家,就在那里也可会谈的。

最近虽然常得到不定期的报看,但从那上面仅是历史记载了。希望如上星期见兄和你的广播及内幕消息好得多。所以希望星〔期〕二见兄和你又告诉些进展佳音。

又是十天没有人送东西。可是所头还把伙委找去说,现在副食费不能维持煤炭款,因此将要无菜及豆吃,而只吃盐巴了。这个话可以了解他们还在想抓,而不打算照顾我们了。甚至还要发枪给交警与班长们,要他们准备打游击咧。这种日子来得愈快愈好,你们还比我们急吧。

——十九日。

昨天 T 回来说,竟没有会着你。明天要他去,顺便到你处和见兄处,以便取回字典。那是见兄侄子为其爱人的父亲车耀先的遗物,掉购同样一本带回来。另外请见兄设法给 T 找一套外穿的、无论长袍短服,一方御寒,一方便装。因为他的家眷还是安顿在"特区"外附近,因此需要用费,不妨在这个时候帮助他。

你准备的回信,是否已交给 D 带来,但到现在他也还未来过,这是最不方便的事。因为他大致亦看到杨麻子、李所头和邓事务。

---

① 见民兄:指难友韩子重的叔父、地下党员韩觉民。后文又称见兄。
② 韩子重在狱中,曾设法将车耀先生前在狱内常用的一本英汉字典,从监狱中的"四一图书馆"借出,送交狱外亲属留作纪念。这里谈的是,必须设法照买一本旧的字典带来,以便应付狱方查问。

这里食米都是每天零担进两三挑来。官方说：副食费（握在手里的纸币）已不够买菜，将来只能吃盐水饭。我们想到一旦停伙，就饿着等解放。广播佳音及内幕新闻可有？今后每周二或三将定期联络，你不必多回去了。

十一、廿一。

李德光

李德光(1918—1947),又名李文逸,广东台山人。毕业于上海体育专科学校。1938年加入中国共产党。历任广东台山密冲支部书记、三埠区委书记、广东中区人民抗日解放军第四团政治处主任、台山人民游击队政委等职。1947年3月16日被捕,4月6日再次受刑时,被国民党反动派用床板活活夹死,时年29岁。

春暖的日子快到了

(狱中给姨妈和母亲的信[①])

姨姨和妈妈等,转香港
吾爱妻、爱女、发伯、陆小姐及其先生暨各远近友好:

我这次不幸受嫌做了囚徒,很难过、可惜。但十日来的囚徒生活,从绳捆到双镣,从三四重哨兵到六重铁闸,从冷酷到温暖……尝到了过去只是口述和文字上得来的滋味,这种体验极其珍贵。

我不是对于生命的挣扎无信心,事实上,世界如此,环境

[①] 此信1947年3月写于广东台山监狱。

又如此复什〔杂〕,当作政治犯看的我,当局是特别看重的。虽然是嫌疑而已,但是牵连多,又有族人攻讦,所以即使目前亲属们已在进行营救,但希望是很渺小的,故亦只有抱着"枉死"的目的,心情坦然,因为多想也无用的。

如果真的不幸,就此而死,确是"冤屈"的,因为完全出自意外,至于有价值与意义否,则留待别人来评价了。

姨姨妈妈母亲爱妻这几个人,都是疼爱我而又情感冲动,这几天来一定悲伤至极;如果不幸我有了不测,那更会哭得死去活来。但这是不必的,人死去了非悲伤所能挽回。我的不幸,对于你们虽是少了一件东西,是一重大打击,但并紧要,也没办法,而已不久的将来,大家就会看到我不幸得来的效果,故此请大家收泪化悲伤为希望好了。

我们的宝宝①乖而聪明,将来成人,必有用处。我如有不幸,家庭想也会有善处,爱妻也还能自食其力,但小宝宝必要靠友好们的照顾去抚养,因此我希望将来友好们能好好关照她,好好抚养成人。怎样抚养,爱妻自会,就是使她知道她竟会有个这样的父亲,而又是这样的结局。

我希望果真不幸,请友好们将我的书信,生意②账目,读书时的心得笔记,搜集来作纪念。

我自己呢?是会明白应该如何去做一个人的,不致自己弄糟自己。

春天已到,最后的寒流已过了。今天太阳已出,我想春暖的日子快到了。

最后,愿大家如愿以偿。

---

① 宝宝:李德光的女儿。
② 生意:指李德光负责的革命工作。

如有机会有个狱中日记给你们的。

你们疼爱的人在台山监狱中

闰二月初二午夜　三月廿四　1947

善处自己即是爱我

（狱中给妻子的信）

爱妻如见：

前上之信料均收到，因狱中写信不便，且我又受封闭探望待遇，故更难与外间通消息。现下营救情形，想福妹已详告。总之是次不幸，系出意外。我虽全无证据，但受别人带枪及信件所牵累，枉苦难言。我的心境早已屡信告及。你在外千祈珍重，节哀待变，好好抚育宝宝！

目前我还有一线希望（至同时在茶寮被捕之人，则有物证，当将绝望了），固虽受牵累，但不相识又无证。你应即最恶劣情形打算，善处自己，一切有家庭、有朋友帮助，不必担心。你须知善处自己即是爱我，使我无后顾之忧，而钟爱自己前途，我亦安心了。你聪明，当然会一切达观的。

我担心的还有经手生意多[①]，此次入狱，一切影响而有亏损，望各东家速注意收拾[②]。

你与宝宝身体应要注意保重，看医吃药，不要省钱。须知弄不好这，就是对不起我，没有钱时与家里商量。

我仍很好，每天大便畅通，胃不痛，很开胃，整天想吃东西

[①] 生意多：指他负责的革命工作。
[②] 望各东家速注意收拾：暗示我党各联络点的同志迅速转移、隐蔽。

呢。你也应该好好呀！千万不准你伤心，更不许你哭！
　　握手
　　附上草章请转股东清理

　　　　　　　　　　　　　　　　昭　爸①
　　　　　　　　　　　　　　　三月廿八晨

---

① 昭爸：李德光的自称。

赵铎心

赵铎心(1919—1947),上海人。抗战时期,积极从事抗日救亡运动。1942年3月加入中国共产党。曾任中共南汇县路北区委委员、浦东地区特派员等职。1946年春,任共青团浦东工委书记,同年11月29日晚被捕。1947年1月8日就义于上海青浦县,时年28岁。

革命者的我们应该把眼光放远了看

(给妻子的信①)

瑞君②:

后天就是中秋节了。

中秋节是个团圆的日子,可是我们为了人民大众的解放事业离开已半年了。

我们在工作中、斗争中,我们都进步了,我们的革命事业也一天天地接近胜利,我们感谢我们共产党给予我的关切和培养,毛泽东同志英明的领导。

---

① 此信写于1945年农历中秋节的前两天。
② 瑞君:即周放,赵铎心的妻子。

家庭是要的，但是做一个革命者的我们应该把眼光放远了看，弄好一个小家庭，幸福只有少数几个人享受。我们中华民国也是一个家庭，这个家庭是伟大的，他包括了四万万多人和广大的土地；可是这个家受尽了压迫和剥削，大多数人民在不幸痛苦中过日子，我们得把这个大家弄好，使得人人有工做，人人有饭吃，有衣穿，大家幸福快活。革命者应该把我们的爱给全人类，那些无衣无食的穷人。

中秋的晚上，月亮一定很圆，我俩趁此作一反省，检查我们的工作是否积极，对得起人民和党。

没新的东西送你，在这□□□□□就作为中秋节的礼物，拿这小小东西作为求进步的工具吧！

铎　中秋前二天

查茂德

查茂德(1919—1947),安徽霍山人。12 岁参加红军,1933 年加入中国共产党。历任排长、宣传队长、参谋长、红四方面军指挥部参谋、冀南军区大队政委、冀南军区第二支队副司令员、晋冀鲁豫军区独立旅副旅长等职。1947 年,在南下战斗中英勇牺牲,时年 28 岁。

要有牺牲的精神才能打垮和消灭敌人

(给妻子的信①)

喜如妹②:

我两〔俩〕又要短期之分开了,这是我们的敌人给我们的分开之痛苦,只有消灭了我们敌人,才能消除这个痛苦。

我的病暂时也没有什么要仅〔紧〕,因病得很长,一时亦难完全除根。我很高兴在党和上级爱护之下给我这五个月的时间休养,很不错。我这次决心到前方要与我们当前的敌人搏斗,拿出最大决心和牺牲精神与〔为〕人民立功。

---

① 这封信是查茂德于 1947 年随部队南下前写给妻子的。
② 喜如妹:查茂德的妻子。

我第二个高兴是你很好,特别是对我尽到一切的关心和爱护。同时我有两个很天真活泼的小孩,又有男又有女,你想这一切都使我很满足,永远是我高兴的地方。

战斗是比不得唱戏,不是开玩笑,是要有牺牲的精神才能打垮和消灭敌人。趟〔倘〕若这次到前方或负伤牺牲都不要难过,仅〔谨〕记我以下之言:

无产阶级的革命一定是会成功的,只是时间之长短,但也不是很长的,穷人一定要翻身,要求民主与独立,这是全世界劳苦大众都走革命这条道路,苏联革命成功是我们的好榜样。

就是我牺牲了,也是很光荣的,是为革命而牺牲,是有价值的,在任何情况下,我是不屈不挠坚决指挥自己部队与敌人战斗到底,一直把敌人消灭尽为止。

望你好好的保重身体,多吃饭,不生病,我就在前方放心。同时希你好好扶〔抚〕养丰丰小儿,小女雪,长大完成我未完之事,一直完成社会主义革命到共产主义社会,仅〔谨〕记仅〔谨〕记。

茂德
一九四七、四、二二夜
于魏县临别之写

肖　东

肖东(1919—1948),女,原名董鹤棣,浙江鄞县人。1939年加入中国共产党。后受党派遣,打入鄞西国民党军队内部任报务员。1945年新四军浙东纵队北撤后,任上虞虞东区特派员、区委书记、区武工队指导员等职。1948年6月22日由于叛徒告密不幸被捕,同年9月12日被杀害,时年29岁。

太阳将要从东方出来了

（给兄姊的信[①]）

松年兄

大　姊：

　　来信均收得,悉您们返乡从事畜养。妹亦较之您们在申[②]过流浪生活时觉得安慰不少,然吾等境处小资产阶级末落阶级到处无容身之地,是现社会必然之趋势。兄姊亦无须过份忧愁,并希望认清敌友,为争取自己的生存与一切要灭亡我们的恶势力作坚决的反抗而奋斗到底,则光明就在目前,太阳将

[①] 此信写于1946年10月2日。
[②] 申:指上海。

要从东方出来了!

　　母亲家之猪娘①死了,不知小猪可有养大,这确是损失不浅,但请代慰。双亲不要以经济上之损失而烦脑〔恼〕,以致影响身体之健康,千万要珍重身体为颂〔盼〕。

　　最近,双亲可健否？您俩身体可好？槐弟有否去申？安棣有否吵闹？甚念,一切望告。妹在外一切如常,身体自当保重,勿劳远念。并希转告堂上为盼,此致

　　祝康健

妹　芬
十月二日

---

① 猪娘:指母猪。

王传馥

王传馥(1920—1942),江苏吴县人。中国共产党党员。早年在上海求学,后赴山西临汾八路军办事处学兵队学习,结业后到新四军工作。任皖南新四军三支队五团代理宣教股股长。"皖南事变"中被拘,囚于上饶集中营。1942年5月,参加领导越狱暴动,腿被炸断后被捕回,后惨遭杀害,年仅22岁。

命运不允许我侍奉左右了

(给父母亲的信①)

爸、妈:

大场②失守后,东战场再也不能乐观了,敌军抵苏③的消息传到我耳中,我只得向上帝祝福全家的安全。日军攻吴兴,菱湖也不成安全之区了,我想或者会搬到安徽,我也希望搬到安徽。

我是为了读书而离爸妈到上海来的,可是到现在读书也

---

① 此信写于1937年底。
② 大场:镇名,位于上海宝山境内。1937年10月26日,国民党守军撤离大场。11月12日,日军占领上海。
③ 苏:指苏州。

不成了，上海的环境也可想而知，我感到自己太无用，不能救国也不能助家，在现在的中国是不容许这样的。

　　我现在立志到陕北，我相信那里能够造就我，报效国家。时间不允许我得到爸妈的允许而行，但我想是不需要的，一定允许我的，我深感长者之爱，但命运不允许我侍奉左右了，我是要远离爸妈了，也许将来还有见面的机会，爸妈不必伤心，我以爸妈之爱来爱大众，爸妈是喜欢的，我下最大的决心达到目的，尽力打破一切困难。

　　敬祝

安康

　　再祝

我们得到最后胜利

传馥　赴陕前

翼叔给我最大的帮助，我永不能忘了他的爱。

　　祝他

永远快乐　一定不使他失望。

江竹筠

江竹筠(1920—1949)，女，四川自贡人。1939年加入中国共产党。1940年任重庆新市区区委委员，负责学运工作。1947年11月与爱人彭咏梧下川东发动武装起义，她担任联络。两个月后，彭咏梧不幸在奉节竹园镇战斗中牺牲。江竹筠于1948年2月重返万县，参加县委工作。因叛徒出卖，同年6月被捕，囚于渣滓洞。狱中，她经受了难以想象的酷刑，始终坚贞不屈。1949年11月14日在"中美合作所"英勇就义，时年29岁。

死人可以在活人的心中活着

（给谭竹安的信①〔节录〕）

我下来②已经快一月了。职业无着，生活也就不安定。

四哥③，对他不能有任何的幻想了。在他身边的人告诉我，他的确已经死了，而且很惨。"他会活着吧?"这个唯一的

---

① 此信是江竹筠1948年3月19日自万县写给谭竹安的。谭竹安：中国共产党党员，江竹筠的亲戚。
② 指从重庆回到万县。
③ 四哥：即江竹筠的爱人彭咏梧。

希望也给我毁了,还有什么想的呢?他是完了,"绝望"了。这惨痛的袭击你们是不会领略得到的。家里死过很多人,甚至我亲爱的母亲,可是都没有今天这样叫人窒息得透不过气来。

可是,竹安弟,你别为我太难过。我知道,我该怎么样子的活着。当然,人总是人,总不能不为这惨痛的死亡而伤心。我记得不知是谁说过:"活人可以在活人的心里死去,死人可以在活人的心中活着。"你觉得是吗!所以他是活着的,而且永远的在我的心里。

我们在牢里也不白坐

(狱中给谭竹安的信①)

竹安弟:

友人告知我你的近况,我感到非常难受。幺姐及两个孩子给你的负担的确是太重了,尤其是现在的物价情况下,以你仅有的收入,不知把你拖成甚么个样子。除了伤心而外,就只有恨了。……我想你决不会抱怨孩子的爸爸和我吧?苦难的日子快完了,除了希望这日子快点到来而外,我什么都不能兑现。安弟,的确太辛苦你了。

我有必胜和必活的信心,自入狱日起(去年六月被捕)我就下了两年坐牢的决心。现在时局变化的情况,年底有出牢的可能。蒋王八的来渝,固然不是一件好事。但是不管他如何顽固,现在战事已近川边,这是事实,重庆再强也不能和平、

---

① 此信于1949年8月写于渣滓洞狱中,托一个被争取过来的看守带出来的。

京、穗相比,因此大方的给它三、四月的命运就会完蛋的。我们在牢里也不白坐,我们一直是不断的在学习,希望我俩见面时你更有惊人的进步。这点我们当然及不上外面的朋友。

话又得说回来,我们到底还是虎口里的人,生死未定。万一他作破坏到底的孤注一掷,一个炸弹两三百人的看守所就完了。这可能我们估计的确很少,但是并不等于没有。假如不幸的话,云儿①就送你了,盼教以踏着父母之足迹,以建设新中国为志,为共产主义革命事业奋斗到底。

孩子们决不要娇养,粗服淡饭足矣。幺姐是否仍在重庆?若在,云儿可以不必送托儿所,可节省一笔费用,你以为如何?就这样吧,愿我们早日见面。握别。愿你们都健康!

来友是我很好的朋友,不用怕,盼能坦白相谈。

竹　姐
八月廿七日

---

① 云儿:指彭咏梧、江竹筠的儿子彭云。

金方昌

金方昌(1921—1940),山东聊城人,回族。中学时积极参加抗日救亡运动。1937年"七·七"事变后,到山西抗日民族大学学习。1938年加入中国共产党,任中共山西代县县委委员、县委宣传部副部长。不久调任中共代县城关区委书记。1940年11月23日,因叛徒告密,被日伪逮捕,经严刑拷打,仍坚贞不屈。12月3日残遭杀害,年仅19岁。

谁说老百姓不能管国家大事?

(给哥哥的信[①])

哥哥:

你五月四日信才接到,诗和信都看到了。我现在正朝着你指示的方向迈进。学习在代县是太差了,因为第一没有材料,什么书都没有,联共党史只有下册没上册,哲学选辑……都没听说过,只是能看到几本文件,但也看得晚,也不是每期来,像《共产党人》我们只看到了第二期。

每月至少给你一封信的确需要。可是这里交通太困难,

[①] 此信写于1938年。

又没邮政，只要我有机会一定尽量的写，不管写多写少，就是一句话，如果有机会写信的话也一定写。青年人的确容易迷失方向，不过在晋察冀是比较要好一些，因为我们占绝对优势。一般青年都有他的组织，都是在我们的领导下，尤其我已经再不会受到〔别〕人的骗。我能向哥哥这样的说，我已经是一个相当坚强的布尔什维克党的战士了。这里有坚强的组织，在领导着我们，不会绝对不会迷失方向，只要服从组织的话。

代县是边区最落后的县分，不，现在不一定了，因为大家的努力，现在不至于是顶落后的了。边区里的每一个角落里都热烈地开展着民主运动，代县县议员、区代表、区长都选过了。我亲自领导了两个区，我们都亲自尝到了新民主主义政治的味。谁说老百姓不懂得民主？谁说老百姓不能管国家大事？叫他来晋察冀看一看，这里的区代表、县议员不是老百姓选的吗？顽固家伙们再让他们顽固吧，恐怕再顽固就完了，在边区这些顽固分子，在这次伟大的民主斗争里都将被打得粉碎。

你们那里最近做些什么工作，我们开辟代县工作中得出了一个最大的经验：改善人民生活是发动基本群众抗日积极性的有利武器。还有很多话，再谈吧，因为带信的同志要走。

致

布礼

金方昌　24/8

张露萍

张露萍(1921—1945),女,原名余家英,四川崇庆人。1938年奔赴延安,当年在延安加入中国共产党。1939年受党派遣到重庆打入国民党军统电台。在中共南方局军事组领导下,为党获取了大量情报。1940年不幸被捕。1945年7月就义于贵州息烽,时年24岁。

总是梦着你们,念着你们

(给父母亲的信[①])

慈祥的妈妈伯伯:

今天又是三月二七号了,搬[掰]着指头数一数,小儿离开你们的膝前已将五月了。在这短短的数月中,使我感到好似几年样的挂念你们。所以我每时刻都在为你们祈上天保你们的康健!

我的身体比在家时好多了,请你们勿念罢!因为我年纪很小,所以常常想家,尤其是晚上是常常不能安静的睡,总是梦着你们,念着你们!我亲爱的妈妈伯伯:在我接到你们要我

---

① 此信是张露萍1938年3月27日在延安抗大学习期间写的。

乘机回四川时的信,我真是说不出的高兴。但当我打电报到西安找吴永照时,他已经不在那里了,儿为了怕到西安想不到办法——没有了钱,所以只有不能去,到现在还是留在延安。儿在这儿的生活很好,每天上课是忙极了,因此没有很多的时间写信来问候你们,望你们恕儿罢!

两个多月的时间是容易过极了,因此我还是希望妈妈伯伯不要念我,毕业后我马上回来看望你们的慈颜!

虽然陕北现在已经是前线了,但是我们同学两千多人中没有一个怕的。因为,大家都相信百战百胜的八路军。这儿是他们训练了多年的边区,也就是他们的根据地。这儿的老百姓不能〔论〕男女老少都是有组织的,就是说都能打杖〔仗〕的。由于内战时的事实告诉我们,他们都是爱自由的人,不愿作奴隶。所以这次的抗战使他〔们〕更兴奋,更努力,都愿意打日本。再加这儿地势的复杂、崎岖,使日本机械化的军队是没法的,飞机吗?更无用。我们住的都是山洞,他拿着简直没法。同时为了我们的环境恶劣,所以我们的学习更加强了。希望你们不要担心罢。中国人民的军队的八路军和边区亲爱的同胞们是会保护你们的孩子的!你们一定不要怕!两个月后你们依门〔旧〕接你们亲爱的小儿罢!

我亲爱的妈妈伯伯!时间不早了,我们还要开小组会。

还告诉你们个好消息:你们的孩子每天能背三十几斤重的包裹爬八十几里的山路了,你们高兴吗?

祝

您们的孩子英①敬禀

阳历三月二七

---

① 英:张露萍原名余家英。

刘国锭

刘国锭(1921—1949),四川泸州人。中国共产党党员。西南联大毕业。曾任地下党重庆沙磁区学运特支书记。1948年4月不幸被捕于荣昌县。1949年11月27日,牺牲于"中美合作所"白公馆监狱松林坡,时年28岁。

让新的产生,让旧的死亡

(给五姐的信[①])

五姊:

接到以清来信,知道你准备考农校;接到以治来信,知道他借给您的几本书都已读完了,这是多值得兴奋的消息!

您过去的漫长的岁月,都消磨在家里,而这个"家",都是旧社会垂死的身躯上底一个烂疮。它具有旧社会几十年遗留下来的溃烂性的毒质,又加以外面侵来的微菌,它已经完全是一块脓血和腐肉。生活在脓血和腐肉里的人,自然不会健康的(无论是精神或身体)。

我们的哥子,因为受不住那里面恶臭的熏蒸,才孤立无援

---

① 这是刘国锭 1939 年 10 月 19 日在成都建国中学读书时写给五姐的信。

地冲向社会,结果被军阀利用作为祭祀的三牲,因为那里面没有足够成长的养分,所以五哥还未成长就被迫四处觅食,因为还未成熟,受到了多少打击?! 再看一看我们几个孤儿:有几个有健康的身心？那一个真正知道幸福的滋味？我们都被人"恭维"为"少年老成"或者"厉言"或者"嘴利",其实是因为没有幸福的童年,孩子时就失掉了孩子的天真。高山上的树木所以坚硬,因为饱受风霜的欺凌！

有一些人被脓血腐化了,本身就变成了毒质。我们看一看"那几个肥胖的身躯"(细菌所以肥,就是细胞所以瘦!)那里边那里含得有人性,没有丝毫人的感情！

生活在这样的脓血里,不变成抗毒体,就应当同化成细菌,不然只有被毒死,刘七就是最好的例。逃避是逃避不了的,尤其是女人。因为旧社会的身躯上,每一个"家"差不多都是疮,不过有的已经溃脓,有的还在发炎,有的是杨梅,有的是疔疮。整个身躯都要死亡,寻不出有希望的肉(家)。有希望的肉(家)只存在在健康的身躯里。

我们要得到完全的幸福,只有让新的产生,让旧的死亡。要新的产生,就应当增加新的健康的具有抗毒性的细胞。要旧的死亡,也只有增加抗毒体。我们要自救,我们又不愿变细菌,就只有把自己变成抗毒体。自救也就是救人！

要变成抗毒体,先得把自身遗传得来的和传染来的毒质除去。把自私、虚荣、狭隘、小胆、无恒心、无毅力……等短处除去,把原有的人性(同情、正义感、勇敢、努力……等)发挥,同时增加自己抗毒的能力。

虽然人人都受到毒害,可是好多人不知道那是毒质;好多人不清楚地知道毒质的真面貌,以致没有足够的勇气和毅力把它从自己身体里排除,更不能变成抗毒体。以清最近才尝到一些毒味,所以她也有了不平,然而自修计划受到了一些打击。仅仅受到一些谣言攻击,就以为她们一弟不该感情用事,就灰心以为过去的计划是错误。显然的她的"心"上就附有毒质,不能认识毒质的真面目。没有对旧事物憎恨的热情,也就没有对新事物爱的热情,也就不会有顽强的奋斗的勇气。

您不懂英文,数学,理化……但是您比她更有勇气,而且您还有胜过好多人的聪明,只要能努力充实自己的能力——作为抗毒体的能力,前途是无限光明的。联大已毕业的女生很多,她们都聪明都有能力。但是我知道的,没有一人幸福,因为都走着女人的旧路,都自觉的或不自觉的向毒质曲〔屈〕膝。过去的生活使您知道毒质的祸害,使您知道抗争。这一点知识,才是最有价值的知识,最难得到的知识。当然只有此项知识而没有其他能力,这知识是几乎无用的。可是其他的能力或知识却比这项知识容易获得(我们同学的例,就可证明)。您失学太久了,也许觉得我说是容易的实际困难。尤其限制您行动的主要是能力而不是资格。就更觉得获得能力困难。其实一个中等抗毒能力,或一个中等课生的能力,努力点至多不过两年就成。就多算一些也不过三年,如果是一个傻子,当然需要的时间较久。然而您不是一个傻子。您的希望就在循着正确的途径努力!

您已经读完了几本基本的书,并且您还留心时事(我前面写掉了),这能不令人兴奋?!希望你"继续努力,以求贯彻"。

很久没有读书的人,一天全读硬性的理论书,不但容易头痛,厌倦,而且效果也不大。就是有读书习惯的人,也不应当如此。所以我觉得您还应当读一些另外的东西,就是好的新小说或其他文艺作品和报纸。为什么应该读报纸,我想无需

说。所以要读文艺作品,因为有好些作用:

① 多认得些字,多得到些活字眼,能很快地提高自己底国文程度。

② 里边包含得〔着〕有很多活的有用的知识。因为里边有哲理,社会科学的原理,社会现象与本质的分析,新社会的暗示和描写,人生的道理,努力的途径……等,而且都是用文字画出来的,很容易接受。(当然是指的好的文艺)

③ 帮助了解纯理论的东西,例如读完《子夜》就知道何以中国民族工业,在帝国主义未驱逐前,不能够建立。

④ 帮助发现自己的错误,并找到克服的途径。例如读完《阿Q正传》,就会觉得自己也有好些阿Q性,应当把它枪毙。

⑤ 帮助养成读书的习惯。

⑥ 丰富生活,使生活不枯燥,不寂寞。

理论方面基本的东西,刘一①还不少,您可以再向他借。而且叫他帮您选择,选择能力起初是不够的。报纸家里可以订一份。真正要读报纸,一种是不够的,可以和刘一打伙,一人订一种。文艺作品刘一恐怕不多,我也不知道他有什么,您可以去找,我现在介绍一本给您,就是一本小说高尔基写的《母亲》,有没有?写信告诉我。文艺杂志现在很多,如《文艺生活》、《文艺杂志》、《创作周刊》……等,都可以买来看,或订阅,这点钱是不应当节省的。

六、七妹我已经好久好久没有接到她们的信了,不过我也没有给她们写信,因为总分不出时间来,七妹会画像,很希望她画一张送我。

---

① 刘一:党的地下工作者。

我今年更忙,不过只要您有什么问题要问我,我总可以抽出时间来答复。不要紧的问题,如像"您近来吃几碗饭?"之类的可以不问。即此敬祝

努力!

弟国铣上
鲁迅逝世纪念日

陈振先

陈振先(1922—1947),福建福清人,中国共产党党员。在福州市第一中学就读时从事学生运动,被国民党当局追捕。离开学校到闽中游击队,担任闽中地委委员、游击队负责人等职。后因叛徒告密,不幸被捕。1947年10月英勇就义,时年25岁。

春天一定就会来到人间了

(狱中给母亲与弟妹们的遗书[①])

亲爱的母亲与弟妹们:

我知道你们为了我的原故是洒下不少辛酸之泪滴了,但,这完全是多余,而且是不应该的了。"人生自古谁无死,留此〔取〕丹心照汗青"[②]。我觉得这当是我们的无上光荣与慰安。目前虽是黑暗重重,然这正是黎明前的象征,请你们安心地等待着吧:度过了这冷的严冬,春天一定就会来到人间了!

---

① 这封信是陈振先在狱中写于草纸上的,通过一位看守人员送交其母亲。
② "人生自古谁无死,留取丹心照汗青":是南宋民族英雄文天祥的诗句,信中摘引时,将"留取"笔误为"留此"。

心妹的小宝宝可好?我很爱他哩!愿上帝祝福他,聪明的孩子!那么再见了!

我亲热地握紧了你们的手!

细哥①
于道山路
羁押所

---

① 细哥:即陈振先。

李　卡

李卡(1922—1949),广东化州人。曾与亲友合资办书店,暗中出售革命书籍,积极从事抗日救亡活动。1947年加入中国共产党。先后任曲南游击大队武工队队长、曲南工委会主任等职。1949年1月在曲江县沙溪凡洞不幸被捕,监押于韶关芙蓉山监狱。1949年9月4日被害于韶关机场,时年27岁。

我死后你应马上忘记我

（狱中给徐云的信[①]）

云姊[②]：

你给超群兄的信我看过,很久我便给你写信,可是这是一件相当困难的事,我怕连累到你。为了使你知道我的消息,我曾不断地搭信到堂兄处。相信你也知道,我现在是很好,早半月曾病了一场,是五、六年来所仅见,却又不至于死,经济上更感困难吧。

[①] 此信写于1949年3月9日。
[②] 云姊：即徐云,李卡的未婚妻,又名徐可。下述的姐姐、云兄均指徐云。

我和另外两个人一齐到此,前几天少了一个,这样便引起风声很不好,传说十分可怕。但如此的传说仍然不会使我不安,而使我不安的是悲悼一位战友,所以这几天来我是郁郁不乐。而依据传说及我个人问题,大约我的生命将不久在世。

我是平常的人,在这个伟大的斗争中,确是一个很平常的人,而我的被捕及死都是意料中的事,是不可怕的,而怕也怕不来。是的,我仍然存在着中国知识分子的劣性,我希望能自己克服。

既然我是一个平常的人,我不能像英雄们那样写下动人的遗书,而我亦无写遗书的必要,但是为了你,为了难忘你,为了感谢你,我不能不给你写这信。假如真如我所估计一样,你就把此信作为我给你最后的一封信吧。

这样又会使你难过了,但你常常说,你比我理智得多。我望你不要为我而流泪,那是不值得的,更会使你身体消瘦下去,这是我死也不瞑目的事,我相信你是不会的。

你不要把我两〔俩〕之间的往事记起来,那有什么用?作为写小说的资料吗?还有许多动人的故事,你何不用心去记?作为纪念我吗?那又何必呢?

我个人或有一些值得别人学习的优点,我死后,你不要向别人夸耀。那是极其微小的,何况我缺点多着呢!

我死后你应马上忘记我,第一减少你的忆念痛苦,第二你也应该继续你理想的追求。我愿你未来和一位忠诚为人民服务的人做朋友,你应该仔细地选择。

是的,我仍然有许多缺点,你同样也仍然有许多缺点。在生活斗争中你该革除过去的鬼脾气呀,不然,你会更痛苦。

我的遗尸问题,你不必理它,人死了尸是不值得留恋,莫要学那些正人君子的封建思想,找麻烦费金钱是没有什么意思的。

真的我死的消息传给你时,你不要告诉母亲,使她难过,我心更不安。

可以把我一切消息告诉你认为我以前可靠的朋友们,并望他们今后在新的社会下努力工作,并望他们努力学习斗争。

退一步估计,假如我免至于死,而案情亦已有所决定,望你能做迅速的调查,最好葵兄能再来一次,不然亦应物色一个较妥的人来探,把情况告诉我。

这儿我报告我目前的生活:

1. 写一些被捕经过的记述。实在在此写东西也是困难的,我有心而不定,夜里电灯暗,日里人复杂。

2. 看书是一件最好的消遣,肖红①散文及《呼兰河传》我都在此看完。我很爱肖红,另外鲁迅的文章也有得看了。

3. 生活,我有时搓搓麻将,总之生活上无一定规律,夜里必需下半夜才能入睡,因为人多,太嘈杂,下半夜才睡的人居大半,并不是无独有偶。

有人来最好是月底来,就算未死,也要经济接济,葵兄回时他说有人送米来,到现在未见来。

我很挂念你的病,你的理想是教书,又不愿负担复杂的功课,当然如理想一样达到成功是好的,但未有如此的好职位。我以为你还是和克兄一齐工作好,就这方面发展是好的。

伟兄有信回来,你可向他求职的,交通阻障也能克服吧。

时局就快转变了,天翻地覆的日子快到了,报上已坦白承认共军将渡江,华南当有一场恶战,这就是最后的用武装解决

---

① 肖红,即萧红。

中国革命的一场大斗争。过后,人民便快乐了,你也会跳舞似的迎接新的日子的,你们应该快乐。

歌唱吧,我会在梦里听到你洪亮而快乐的高歌。

可以来信给超群。

敬候

健康

池[①]

3.9

---

① 池:李卡的别名。

韩子重

韩子重(1922—1949),四川长寿人。1939年加入中国共产党。曾赴山西抗大三分校学习,后任中共川康特委军事系统负责人。1948年在川康地区领导军运,准备武装起义。1949年1月在成都被捕,后转囚渣滓洞监狱。1949年11月27日被杀害,时年27岁。

我过不惯这样不生不死的生活

(给父亲的信[①])

为了走的问题,清晨大早,就使你老人家大大的生气,不安得很。同时,更为我指出一两条明显的、解决得更好的路。这,宜乎我不该提出什么来了。但这,我最后还要说几句话。这是我最后的一声呼叫,这时我要写这一封信。

首先我要赤裸裸的说明我的走的问题的提起,这除了我向父亲已经说过了的为了学习,为了彻底锻炼身体而外,还得坦白的补充出,我的走,主要的,还有思想问题在。

[①] 此信是1939年5月初,韩子重离开成都去山西抗大第三分校前,写给父亲的信。其父韩任民当时是国民党成都军管区副司令兼参谋长。

我们不会眼睁睁看不见事实;同时,我们也不会是超人。千千万万的血淋淋的故事,不会完全对我们没有一点感觉。

事实是这样,中国社会仅〔尽〕有的是盗、匪、兵、贼、贪污、横暴、梅毒、娼妓、堕落与腐化、荒淫与无耻。欺诈、虚伪、人剥削人、人吃人,极少数的资本家、地主、统治者,对千千万万人的压榨、剥削、奴役、残害和屠杀。这些,使我不能不产生一种"较激"的思想。因为我是一个人,我也不是聋而且瞎的人。我看见了这些,我也听到了一些。

我要求一个合理的社会,所以我提起了走。我过不惯这样不生不死的生活。我知道,陕北最低限度呼吸是自由的。我知道得清清楚楚的,陕北的一切都不是反动的。

我的走,绝无异想天开的企求。我不想当官,想当官我就进中央军校。我不想侥幸有所成功,我知道天下事没有侥幸成功过的。我要想侥幸成功,我就蹲在这儿,依赖父亲了。

西北①,是一块开垦中的新地。我们该去那里努力。我们要在努力当中去寻求自己的理想。我知道,我们看见,新西北,是一个开垦中的乐园,自由的土地;这是与世界上六分之一地面的苏联是没有区别的。虽然物质条件不够,但已消灭了人剥削人、人欺侮人的现象了。

我为什么不该走呢?我需要学习,我需要知识,我需要一个战斗的环境,我要肃清自己的依附、侥幸的思想,我需要活的教育。我们看见过去真正够得上说是成功的人物,都不是在御用的教育中训练出来的。可不是,请看一看列林〔宁〕、史〔斯〕大林、高尔基这许多实例。

父亲要我读些踏实的东西,这我百分之百的接受。只是

---

① 西北:指陕北的延安。

静静的坐下来去研究,这是环境所不允许的吧。在今天能够这样做的,那不是神仙,必然是和尚或者尼姑。我不能够在死尸的身上漫谈王道,我也不能在火燃眉睫的时候还佯作镇静。同时,一个年青人恐怕也不该做一个反常的老人吧!生理学上告诉我们,少年"老成"是病态。国家的青年变成了老年,是这个国家的危机。

我要一个斗争生活,我要一个跋山涉水的环境来训练我的身体。前线的流血,后方的荒淫,大多数的劳苦者的流汗,绝少数的剥削者的享乐,这样多的血淋淋的故事摆在面前,叫我们还有什么闲心、超人的胸襟去静观世变呢!

父亲,请你把你的孩子愉快的献给国家、民族、社会吧。父亲,你知道的,这样的对你孩子的爱护,才是真的爱护。这是给我一个灵魂的解放。

五月四日

王孝和

王孝和(1924—1948),浙江鄞县人。1941年5月4日加入中国共产党。1943年1月进英商上海电力公司火力发电厂工作,先后被推选为上海电力工会杨树浦分会干事及上海电力公司工会常务理事。1948年4月,因领导电厂工人声援申新九厂工人罢工而被捕,9月30日牺牲于提篮桥监狱,时年24岁。

他们会为儿算这笔血账的

(狱中给父母亲的信)

父母双亲大人:

好容易养到儿迄今,为了儿见到此社会之不平,总算没有违背做人之目的,今天完成了我的一生!但愿双亲勿为此而悲痛,因儿虽遭奇冤而此还是光荣的,不能与那些汉奸走狗贪污官吏可比!瑛①,她太苦了,盼双亲视若自己亲女儿,为她择个好的伴侣,只愿她不忘儿,那儿虽在黄泉路上也决

---

① 瑛即忻玉英,王孝和的妻子。

不会忘恩的。琴女①及未来的孩子佩民②应告诉他们,儿是怎样、为什么而与世永别的?!儿之亡,对儿个人虽是件大事,但对此时此地的社会说来,那又有什么呢!千千万万有良心有正义人士,还活在世上,他们会为儿算这笔血账的。双亲啊保重身体挣〔睁〕开慧眼等着看吧:这不讲理的政府就要挎〔垮〕台了!到那时冤白得申〔伸〕,千万不要忘那杀人魔王,与他算账。

人亡之后,一切应越简单越好,好在还有二个弟弟,盼他们也那〔拿〕儿之事,刻在心头,视瑛为自己姐姐,视二个孩子为自己骨肉,好好的教导他们,为儿雪冤,为儿报血仇!

特刑庭不讲理,特刑庭乱杀人,特刑庭秘密开庭,看他横行到几时?冤枉啊冤枉冤枉!

你的不孝男王孝和泣上!
民卅七年九月廿七日正午

但愿你勿过悲痛

(狱中给妻子的信)

瑛妻:

我很感激你,很可怜你,你的确为我费尽心血,今天这心血虽不能获得全美,但总算是有收获的。我的冤还未白,而不讲理的特刑庭就决定了我的命运,但愿你勿过悲痛。在这不讲理的世上不是有成千成万的人在为正义而死亡?为正义而

---

① 琴女:王孝和的女儿,当时刚满一岁。
② 佩民:王孝和的遗腹子。

子离妻散吗？不要伤心！应好好的保重身体！好好的抚导二个孩子！告诉他们，他们的父亲是被谁所杀害的！嘱他们刻在心头，切不可忘！对我的双亲，你得视如自己亲父母一般。如有自己看得中的好人，可作为你的伴侣，我决不怪你，而这样我才放心！

但愿你分娩顺利！未来的孩子就唤他叫佩民！身体切切保重，不久还可为我伸冤、报仇！各亲友请代候，并祈多多照应为感。特刑庭不讲理！乱杀人，秘密开庭，看它横行到几时！？冤枉！冤枉！冤枉！冤枉！冤枉！

你的夫　王孝和血书
卅七·九·二七·一时

穆汉祥

穆汉祥(1924—1949),天津武清人,回族。1947年5月在上海交通大学学习期间加入中国共产党,从事学生运动。1949年上海解放前夕,奉党的指示,负责徐家汇地区各工厂迎接解放的准备工作,不幸被国民党特务逮捕。5月20日英勇就义,时年25岁。

在这个时候当然应该尽力服务才对

(给家人的信①)

父亲、母亲、奶奶:

钱已经收到了,请勿念。

上海这两天物价又在飞涨。鸡蛋已经卖到七元一个,合起法币来是两千多万了,这样的通货膨胀世界上倒找不出第二个国家来的。

教〔育〕部一直在打算迁校,学生不愿意迁,教授也不愿意迁,谁都看得很明白,现在还有什么地方可以一迁呢?迁反而是死路,看见唐山交大迁校的例子真是惨不忍睹,倒不如老师

---

① 此信写于1949年初。

学生团结在一起，一切问题都可以解决，清华、燕京就是一个好例子。

学校组织了应变委员会，我被全校同学选出了，在这个时候当然应该尽力服务才对，存粮工作和寒假上课都大致完成了。忙虽然忙点，倒是非常安心的，上海局势这两天看来还平静，但实际上却是外弛内张，战争是一触即发的，看看就是旧年后的光景。

上海随便都可以发生事体，在学校里三千多人，问题是可以解决的。在那时，请家里不要过于担心。动乱的时候，一个短时的没有信息是不足以为奇的。看看北平就知道了，过两天它们那里不就是一个快乐的都市吗？厂里加工，父亲又要辛苦的工作了，心里是很不安的。

庆祥　秀刚好

男　汉祥敬上

朱振汉

朱振汉（1932—1949），广东兴宁人。1948年参加游击队。大湖之战，报名参加决死队，在战斗中英勇牺牲，时年17岁。后被追认为共产党员。

你辛苦抚育是有价值的

（给母亲的信①）

我最亲爱的妈妈：

我这次写给你是最后的一封信，也是最后一次和你谈话，你儿子的死是光荣的，为了全中国的人民解放而死是最有价值的。妈！个人是没有两次死的，一个人一定有死，但有的死了是无声无息的，我想一个人生出来做什么呢？其最有价值的就是为了光荣的死，妈！你或许认为你的儿子大不孝了吧：其实你应该欢喜你有一个光荣的儿子，你辛苦抚育是有价值的，全中国的人民都忘不了你，好了，最后我希望你努力教育伟汉仔准备建设将来的新中国。并祝　快乐

---

① 这是朱振汉1949年在大湖之战前夕报名参加决死队后，给母亲留下的一封信。

生命诚可贵
爱情价更高
若为自由故
两者皆可抛

小儿　振汉